小田　豊　先生遺稿集

子ども学と保育学の狭間を考える

～次世代に未来を託して～

小田　豊

解説

神長美津子
大阪総合保育大学特任教授／國學院大學名誉教授

中橋　美穂
大阪教育大学教育学部教授

ひかりのくに

はじめに

小田豊先生との出会いは、もう30年以上も前になります。初めてお会いしたのは、平成元年改訂幼稚園教育要領の実施後、指導資料集第1集『指導計画の作成と保育の展開』作成の協力者会議の席でした。会議の席順は、五十音順でしたので、「おだ」と「かみなが」は隣の席でした。会議は、「幼児教育における指導計画の在り方」がテーマで、毎回、「幼児の主体性か」と「指導の計画性か」で議論伯仲していました。会議中に小田先生は、よく、「分かんないなあ」と首をかしげながら独り言のようにつぶやき、議論の推移を聴いていらっしゃいました。ただし、最後には、各委員の意見の矛盾点をつきながら、縺《もつ》れた糸を解きほぐすかのようにして課題を整理していました。その会議を通して、小田先生の「分かんないなあ」という言葉は、単純に「相手の話が分からない」という受け身ではなく、「一人一人の意見を聞きながら、課題整理中である」ということを意味していることを知りました。30年前の私にとっては、存在感のある「不思議な方」でした。

その後、私は文部省（現在の文部科学省）に異動し、小田先生とご一緒に仕事をさせていただくことになりました。小田先生は、幼稚園課（現在の幼児教育課）教科調査官から、すぐに初等中等教育行政の全体をみる視学官になられたので、「隣の席」ではありませんでした。ただし、毎日のように視学官室から当時の幼稚園課にいらして打ち合わせをしたり、指導資料や研修教材用の保育ビデオを作成したりして、平成10年幼稚園教育要領改訂に向けて一緒に仕事をさせていただきました。

今振り返ってみると、あっという間の30年間でしたが、小田先生の隣で、幼児教育のことや保育行政のこと、また保育者養成のこと等々、たくさんのことを学ぶことができました。このことの感謝への気持ちを込めて、小田先生の教育論を知るエピソードをご紹介します。

小田先生の教育論のベースは「一人一人」です。ある小学校に一緒に授業参観をさせていただいたときのことです。1年生の生活科の授業でした。子どもたちの活動は活発でおもしろい授業でした。ところが、小田先生は、学級の目標に「一人一人はみんなのために。みんなは一人一人のために」というフレーズを見つけるや否や、少し憤慨して「この目標はおかしい」と、私に話されました。そのとき、私がその意味を理解していなかったと思ったからでしょう、参観が終わってから、「『みんなは一人一人のために』は分かるけど、『一人一人はみんなのために』はおかしい」と、憤慨していることの意味を説明されました。私は学級の目標によくあるフレーズと思っていましたので、そのときのことが印象深く残っています。

小田先生は、よく憤慨なさいます。それは、子どもの気持ちを考えずに、大人が勝手に決めていると思うときです。相手が、子どもの気持ちに気付いていなかったり、子どもが納得していなかったりすると、「ほら、子どもって、すごいだろ」「あるがままでいいじゃないか」と言いながら、「子どもの側に立つ」ことの意義を力説なさいます。

もう一つのエピソードをご紹介します。ある研究大会後の懇談会で、若い園長先生が小田先生のところに来て、真剣に幼児教育について話されていました。すると、その園長先生は、単刀直入に「先生は遊び派でなくて、学び派ですね」と話され、私は少し失礼な方と思って聞いていました。ただ意外にも、小田先生はこのときは憤慨せずに、「僕は遊び派でもないし、学び派でもないよ。強いていえば子ども派かな。一人一人派だな」と、諭すように話されていました。その後、私に話してくださったことは、「人は、それぞれに勝手にレッテルを貼っていくんだよ。そのレッテルを貼って剝していくときの混乱によって、見方が広がり成長するのかな」ということでした。若い園長先生の無礼を「成長のためのステップ」と達観していたようです。小田先生は、「人を育てる」ではなく、その人と向き合う中で、「人は育っていく」ということを実践なさっていると思いました。

表紙のサルスベリの花は、小田先生の奥様の優子さんが撮られた写真の中から選んだ1枚です。ご子息の小田智機さんが、令和3年12月の「小田豊先生を偲ぶ会」の際に、優子さんの写真集から選んでくださいました。優子さんは、花の写真をたくさん撮られています。この写真は、小田先生が、病床に臥せられ入院なさっていたとき、優子さんが病院に通う途中で撮られたと伺いました。8月に咲くサルスベリは、優しさとかわいらしさ、そして暑い日ざしにも負けない強さを感じさせる花です。私は、小田豊先生の生き方そのものではないかと思っています。「かわいらしさ」というよりは、ちょっと「お茶目な」でしょうか。小田豊先生は、誰にでも優しく、お茶目でユーモアがある、そして意志の強い方です。表紙のサルスベリの写真から、そんな小田先生の生き方を思い出し、今は、感謝の気持ちでいっぱいです。

最後になりますが、本書を刊行する機会をつくってくださいました、ひかりのくにの社長　岡本功様に心より感謝申し上げます。また、そのためにいろいろ情報を集めて編集をしてくださいました、ひかりのくに編集部の小川千明様に、更に、この本を出版するために、ご理解とご尽力くださいました皆様に、深くお礼を申し上げます。

小田豊先生のご冥福を　謹んでお祈り申し上げます。

令和5年5月

編者を代表して　**神長　美津子**

小田　豊先生遺稿集　子ども学と保育学の狭間を考える

第1章

学校教育の課題と現状

子ども学と保育学の狭間を考える

講義　小田　豊

解説　中橋美穂

第1章　まえがき

「第Ⅰ章　子ども学と保育学の狭間を考える」は、関西国際大学にて行なわれた「2020（令和2）年度　教員免許状更新講習」における、小田豊先生による講義の音源を文字に起こしたものです。

関西国際大学の客員教授でいらっしゃった小田先生は、毎夏、教員免許状更新講習の講師をされておられました。幼稚園教員だけでなく、小学校や中学校等に勤務される教員も受講され、対面での熱い講義に「感銘を受けました」「今後の子どもたちの教育について、とても大切なことを教えていただいた」など事後アンケートのコメントもありました。ところが、この2020年度は新型コロナウイルス感染症の影響により、小田先生には東京のご自宅からオンラインでのライブ講義をお願いすることとなりました。ほぼ初めてのオンライン講義に開始前はとても心配されておられましたが、始まってみると、画面オフであっても小田先生には受講者の表情が見えているかのように、「子どもの心の流れに寄り添うってどういうことだろう」「〝あなたがあなたであっていい〟という教育になっているのか」と、一人一人に問い掛けながらの講義となり、あっという間の3時間でした。

小田先生が執筆されたご著書[1]の中で「子ども研究―とくに幼児期教育に携わるようになって数十年、私は当初子ども世界の理解は、科学的研究にあると考え、実験的結果や調査研究に説明を求めました。ところが、子ども研究では当たり前の結論でしょうが、子どもの引き起こす現象はきわめて多様で科学的研究結果だけでは説明できないことが多く、子どもと真正面から正対し、子ども自身の内的な声にこころを開くことでしか子ども世界の本質に迫れないのではないかということに気づいたのでした」と書かれています。そして、小田先生は子どもたちの「あるがままの姿」から学ぼうと、週1～2回保育現場に足を運ばれ、また母親教室や少年相談室の相談員として、子どもたちの「生きる姿」をいろいろな角度から考えられ、「子どもが育つとはどのような事態をさすのか」ということを中心に、様々な事例を見つめてこられたのです。

　実は、この講義の打合せを進める中で小田先生は、「子ども学と保育学の狭間を考えるということで、最後の仕事としてまとめたいんだ」とおっしゃいました。この講義録は、小田先生が「幼児期にふさわしい教育の実現」を目ざされながら、ずっと考えてこられた最後のメッセージです。今一度、皆さんと共に考えてみたいと思います。

中橋美穂

1）小田豊 2014「新装版　家庭のなかのカウンセリング・マインド－親と子の『共育学』」p.24 北大路書房

この章は、関西国際大学にて行なわれた「２０２０（令和２）年度 教員免許状更新講習」における、小田豊先生による講義を文字に起こしたものです。講義はオンラインで行なわれました。
約２時間半にわたる講義を、編集の都合上、講義Ⅰ・Ⅱに分けています。※一部、編集部で補足しています。

講義Ⅰ

はい、おはようございます。

私は年を取っていて、こんな形で授業をするとは夢にも思わなかったので、皆さんにも迷惑が掛かるんじゃないかなと思って大変心配しています。

というのは、私は今、東京にいるんですが、東京から関西国際大学へつないで、そして、基本的には、皆さんたちは、各家庭や学校やいろいろな場所で、私の映像を、ご自身のパソコンなどを通じて見ていらっしゃるのだと想像しています。でも、やはり、僕みたいに年を取ってくると、こういう形のものは、今年になって初めてやるようなことが多くて、大変ご迷惑を掛けるんじゃないかなと思っています。

どちらかというと気が弱い点もありますから、対面でやるときには、聞いてくださっている一人一人の顔や、僕が言っていることがどんなふうに伝わっているのか、いやになっているのか、それとも、やや楽しそうなのか、いろいろな形の表情が見えていいんですけど、それを無しでやらなければならない点では、ある意味では、一方的にやれば済むという無責任なような気もするし、非常に心配な部分もあるという点では、許していただきたいと思います。

すいません、言い訳ばかりで始まりませんが、いよいよ始めていきたいと思います。最初の6枚ぐらいは簡単な図を通して見てみたいと思います。それは何かっていうと、今のような世の中になってきて、学校教育も含め、いろいろな問題も含めていくと、変わっていっているところや、今はこんな形のことが必要じゃないかっていうものを、ちょっと図で表してみたいと思っています。

人間って？

最初にお見せする図（P.14）には、「人間って？」と書いてあります。

人間は、二足歩行から始まって、人格形成を目ざしている。ここのところが、人間の発達してきた過程だと思うんです。たとえば、最初は二足歩行ではありませんが、段々と進んでいくと、手を自由に使いたいっていう気持ちが出てくるようになって、手を自由にしていくためには、二足歩行が必要だっていうことになってきた。人間の最初の発達は、両足での二足歩行っていうところだといわれているんですね。二足歩行をして、そして、手の自由ができていきました。

一番時間がかかったといわれているのが、言語の獲得なんですね。他の動物と違って、他の動物も言語をもっているっていう可能性は十分にありますが、私たちのようないろいろな形の言語をもっているのは非常に珍しい。様々な国で、様々な言語を獲得していっている。しかし、二足歩行から、手が自由になっていって、言語を獲得していって、いよいよ人間は、戦争のない世の中で、全ての人たちが豊かになっていくような人格の形成を目ざすという、これは一つの教育の姿だろうと思うんですね。

だから、二足歩行し、手の自由を獲得し、言語を獲得して、そして人格形成へって向かっていいっ

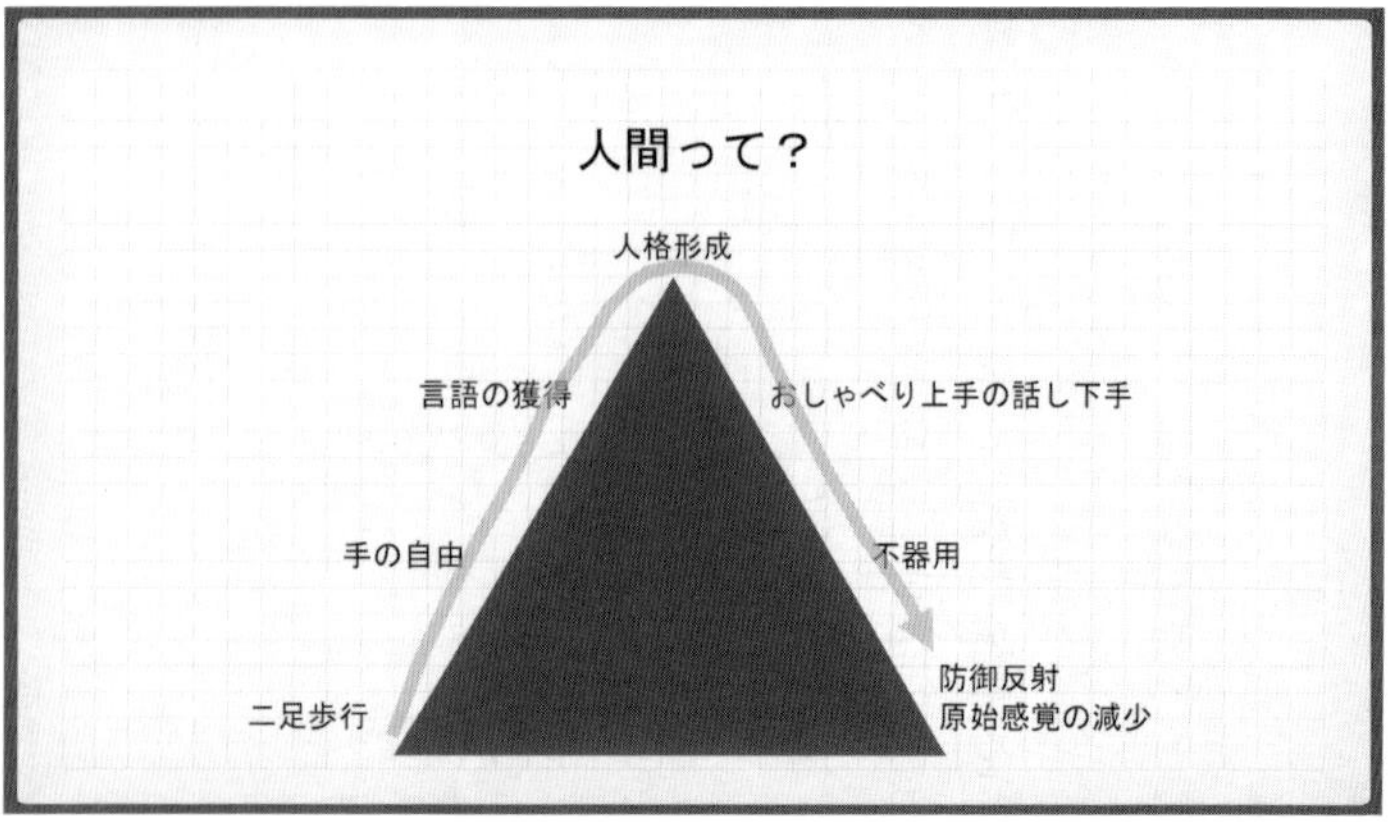

ている。そのはずなんですが、実はそうなってないんではないかという。これとは逆行しているのが、今の状況だと思うんです。

一番逆行している状況は何かっていうと、防御反射や原始感覚の減少というところまでいってしまっているんだと思います。

人格形成をまだ到達しないうちに、私たちは、せっかく言語を獲得したのに、「おしゃべり上手の話し下手」っていうようなことを言われたりする。言語を駆使はして、おしゃべりは上手だけど、本当に自分の言いたいことや、本当に考えていることを、相手にきちっと伝えることができるかっていうと、なかなかそういう形で伝えられない。いろいろなおしゃべりはするけれども、基本的に自分の考えだとか、相手に対して自分の考えを言って、相手の言いたいことを聞いて、そのことを入れて、そして相手に対して、またきちっとした形で受け答えができるっていうような形になっていくことが大事なのに、一方的に、おしゃべりばかりする。自分の好きなことはしゃべるけれども、いざ本当にあなたが考えていることはなんですか？　って質問すると、意外や意外、その話ができないっていうことが今の子どもたちの状況であり、ある意味では大人の一部にもそういうのが見え始めている。そして、言語をしっかり獲得しているにもかかわらず、その言語をうまく使っていない。

そして、次が、「不器用」って書かれていますが、手が自由になって、本当にいろいろなことができるようになったといっているんですが、実は今の子どもたちはとても不器用で、自分たちの靴のひもも結べないというような状況が起きていたり、走って何かにつまずいて倒れてしまうと、普通は自分の顔や目や様々な大事なところを無意識に守っていくために手が出てくるんですけど、それが非常に不器用になって、手がうまく出てこなくなって、つまずいて倒れた途端に、骨折をしたりするっていうようなことが増えているということなんですね。

そういう点を総称して、今の子どもたちは、とても不器用になっていて、防御反射が非常に弱い。自分の身を自分で守ろうという、その力を段々と失いつつあるんじゃないか。いろいろな考え方があるけれども、こうなっていく、二足歩行から獲得してきた物をどんどん捨てていっているような形で進んでいる、人間が。原始感覚のような、本当に、自分の身を自分で守る、相手のことをしっかり考える、受け止めるという、ごく平凡なそのものをいつの間にか、意図的ではないのかもしれませんが、失ってきているなというのがあるのではないか。

今、学校教育で、子どもたちをなんとかしていかなきゃいけないっていうときに、こういう形で子どもたちが、人間そのものが、いつの間にか獲得してきた物を、徐々に捨てていってしまって、何か違った形の人間の姿を見せるような、そういうようなことが起きつつあるのではないか。そういう中にあって学校教育はどうあったらいいだろうかという点は、とても難しい課題になりつつあるというので、この図で表してみました。

教育って？

次に教育っていうこと、そういう時期にあって教育っていうのはどういうことなんだって考えたときに（下図）、一般的な言い方からすると、教育っていうとすぐに先生方は、「頑張りなさい、努力をしなさい、一生懸命やったら必ずあなたはできる」って言う。これは嘘じゃないかな？　って僕はいつも思っているけどね。

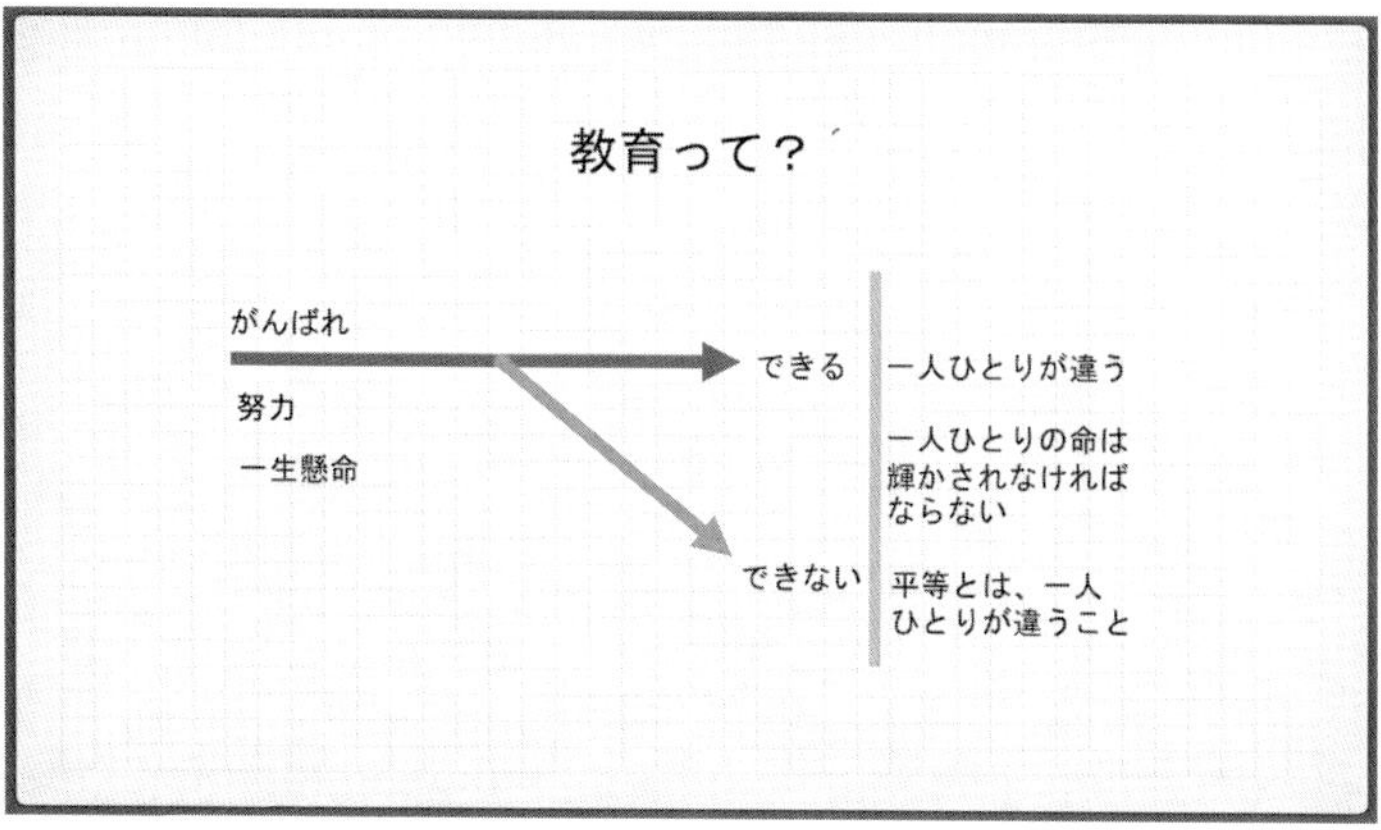

やはり、頑張ったり努力したり、一生懸命にしたりすることは決して悪いことじゃないけれど、そうやったら誰でもできる、っていうようなことを、学校なんかで夢みたいな言い方をしているっていうか。

教師として、大人としては、子どもたちを励ましていて、そのことで、いつの間にかできるようなことも、本人がするようになるであろう、というような期待感をもっているんだと思うんですね。頑張れとか努力しなさいとか、一生懸命やりなさいねって言っていることは、決して悪いことじゃない。

しかし、現実はどうでしょうか？　一生懸命やっても、努力をしても、できない子どもがいることは事実じゃないんでしょうか？

これを言うと、僕は、教育学部に勤めていた時代があるんだけど、そのときに学生にこんな話をするといつも怒られていたことがあって。「教師ってそんなことじゃいけませんよ、先生、夢をもたせて、必死で頑張れ、一生懸命やれ、できるんやから、って言うんですよ」って言うんだけど、教育は、何かこうできるかできないかっていう、どっちかになってしまっているような気がするんですね。

一生懸命やれ、頑張れとか、悪いことは言わないけど、一生懸命やったらできるって。そうやって言い続けるけど、現実としてはできないことはあるし、できない子どももいると思う。それが許されていないような形で、〝教育は、できることが大事なんだ〟って。いつの間にか、教育は、できることが本質なんだって教えてしまっているようなところが、私たちにはないでしょうか？

でも、本当の意味の教育は、できる・できないじゃなくて、できる子どももできない子どもも、総じて、全ての子どもたちを輝かせることですよね。

それにもかかわらず、私たちは、いつの間にか、一人一人が違うっていうことを、なかなか言わないで、教育は、同じような方向で、同じようにみんながおきるようにしたいっていう。それは理想論だと思うけれども、やはり、そのことで本当の意味の子どもたちの気持ちをくみ取っていない。

実際の教育は、頑張ったり努力したりして一生懸命やったらできる子もいる、できない子もいる。でも、本当の教育は、そのできる子どももできない子どもも、一人一人の命が輝かされるのが教育のはずなんですよね。どんな子どもであっても、一人一人が、あなたはあなたであっていいっていうことが、教育の本質なはずなのに、いつの間にか、「できる・できない」のところで区切ってしまって。

できる子どもは、頑張って努力して一生懸命やってできた。そうしたら、その子どもは、できたらどうなるの？　っていったら、大人は下手に、できると良い生活ができるという錯覚のような言い方をしてしまったりする。じゃあ、できなかったら、人間がだめなんじゃないかっていう、そのどちらかになってしまっている。

教育っていうことそのものは、「できる・できない」を教えることじゃなくて、教育は、あなたはあなたであっていいよ、あなたはあなたの命を、一人一人、あなたがもっているものをしっかり輝かせていけばいいんだよ、それは「できる・できない」じゃないんだよ、っていうことを教えていくことが教育であるはず。

なのに、教育っていうものの中に、平等っていうのは、一人一人が同じようになっていくことっていうふうに、どうも、教育の平等は、そこへ行っているような気がしてしまう。そのことは、子どもたちを傷つけていないだろうか。今一度、僕たちは考え直してみないといけないんじゃないかな、っていうような気がしています。

発達って？

次に発達。そういう形の中で、一人一人が違うっていう形の中で、「発達」が結構悪さをしているというか、私たちはいつの間にかそれを鵜呑みにしてしまっているところがある。発達はとっくの昔から出ていた言葉だけど、やはり、できることを発達と言っているような気がする。

本当に発達の本質は何か？　できることも発達ですけれども、できないでマイナスの方向に行くことも発達なんですね。

発達は、プラスの方向にも行くし、マイナスの方向にも行くのが発達ということなんだけど、長い間の多くの学者によるところを見たときに、二つの説がある。一つは「階段説」というゲゼルの説、もう一つはピアジェやヴィゴツキーの説。この説が、とても大きく発達を占めてしまって、子どもたちの本当にもっているよさを消してしまう可能性がある。発達は良い言葉のように見えて、実はとても意地悪な言葉だと思うんですね。

たとえば、ゲゼルの場合、自分の双子の子どもを通して、一人には教えて、一人には教えないっていう形の中で、子どもがどのようにやっていく

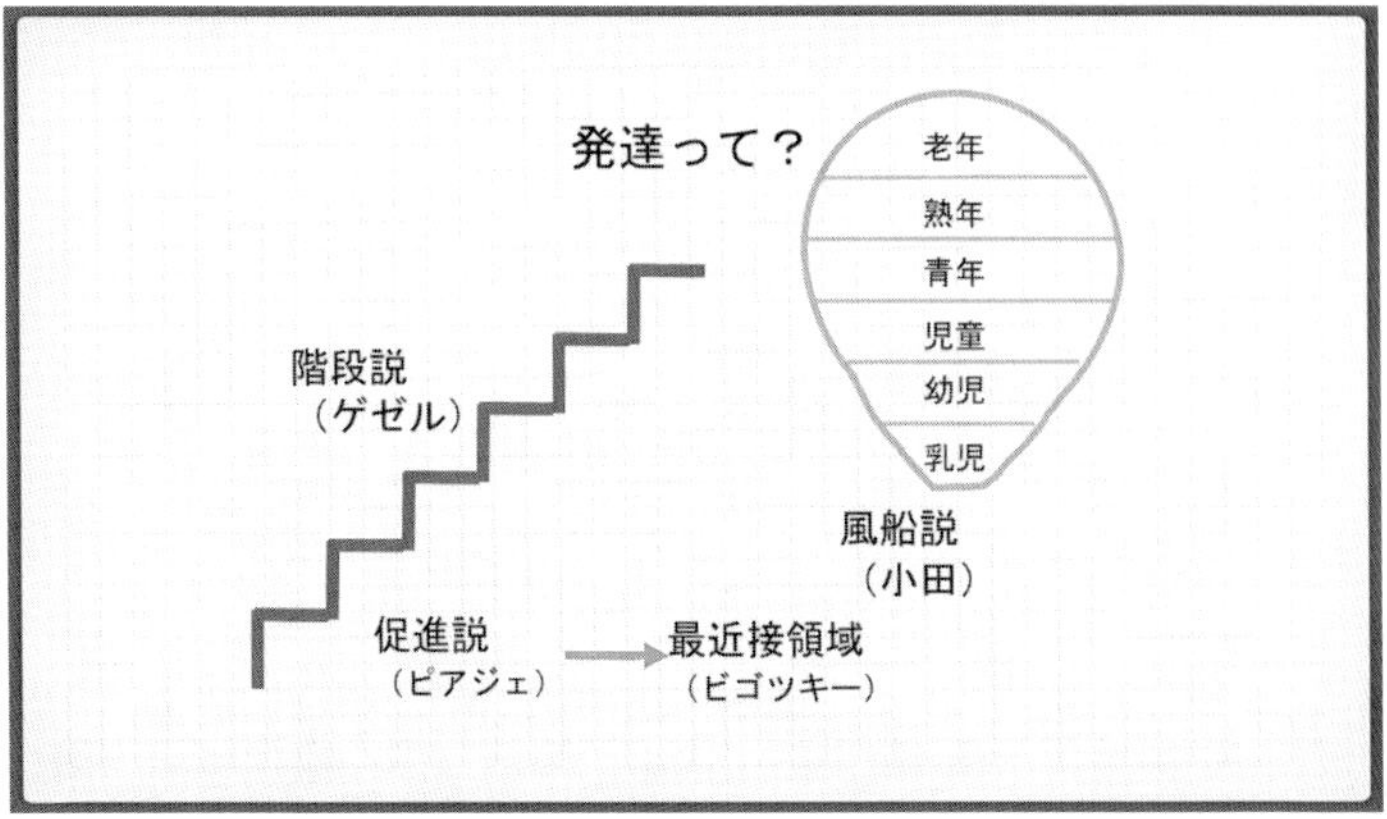

かということを、実験的・実践的に書き起こしたものですけど、確かにこの書き起こした現実を見ると、双子の結果は、結局、教えようが教えまいが、階段を上るように、一つずつ年齢がいけば次から次へとある意味の成長をしていく、ということを見てしまった、それを発達と言ってしまったために、どうしても発達は階段を上っていくことだというようなことになってしまう。

でも、階段を上る方向だけじゃなくて、下っていくことだってある。だから途中で休むことだって発達なんだと受け止めればいいけれど、それはなかなか受け止めないんですね。ですから、それに対して、そのゲゼルの、階段を上るごとの発達っていう一つ一つの形、ある意味で最初の学校教育の、その学年の学年別的な要素は、ゲゼルの説からきていると言われているように、やはり年齢ごとに発達をしていくんだ、っていうので、学年ごとに分けたという。

これは決して間違った方向ではなかったと思うんだけど、段々と私たちは、世の中が成長して、いろいろな学者が出てくることによって、私たちにとっては非常に大きな役割を果たしたか、私はある意味ではマイナスとして、そのものを破壊していったんじゃないかと思っています。

ゲゼルの後にピアジェが出てくる。「階段」だということを、長い間、世界中の人が共有していたところへ、ピアジェが、やはり自分の子どもと周りの子どもたちを見ていて、果たして階段を上っていくことが発達だろうか。ピアジェは、そうじゃなくて、教えていく、教え方や引っ張り方によって促進ができる。

つまり、より早く、どの子どもよりもより早く、年齢よりもより早く行くっていう考え方もできるんじゃないか。つまり、実験的にはその通りだと思うし、間違っているとは思わないけど、それを学校教育へ移してしまうと、飛び級だとか、少しでも早くに、上の段階へ行ったほうが良いんだという形で発達を見てしまうということですね。ゲゼルからピアジェへというふうに、大きく変わってきた。

そこに対して、やや疑問をもっていたのが、最近かなり見直されてきているんですけれど、心理学者の中でも、ある種、社会的な領域を持ち込んだ、ヴィゴツキーっていう人ですね。ヴィゴツキアンって言って、今、ヨーロッパやなんかでは、ヴィゴツキーの研究は、大変大きな意味をもっている。今の学校教育を変えていく一つの方法論を説く一人じゃないかっていわれているんですね。

ゲゼルやピアジェも間違っているとは言わないけれども、そのことで学校や子どもを、それだけでくくって見てしまうと、本当の意味の子どもが見えなくなってしまうっていうことを言って、ヴィゴツキーは、最近接領域という言葉を使っていますが、具体的にはなんていうかっていうと、ヴィゴツキーは、子どもたち自身がいろいろな形で迷ったり、さまよったりすることがある。そのときに子ども同士でいろいろなことをやる。そのことは確かに発達を、それは促すけれど、一番子どもたちにとって自信をもてたり役に立っていたりするのは何かっていうと、そのそばにいる第三者の大人ではないか？　って言っているんですね。まさに教師を指しているのかもしれません。

本当にその子のことを知っているか知らないかということも大事なところだけれども、それ以上に第三者として、その子どもが迷っていたときにそばにいてあげたり、できたときに、ポンポンと肩をたたいて、よくやったね、うまくいったね、良かったねって言ってあげたり。そういうことばがけをしてくれる第三者がいることが、本当の意味で発達なのではないか、っていうのが、今の、現実の大きな言われ方なんですね。

ついでに、閑話休題で、これ、くだらないので忘れてもらって結構ですが、聞いてください。私の、「風船説」っていうのが入っています。大変ひどい資料だと思ってください。こんな年寄りが作ったんだから、あ、顔見えているのか、まずい。

私が、ヨーロッパの心理学会へ招待されて行ったときに、「おまえの持論を話してみろ」っていう機会があって。発達ということを中心にして、シンポジウムが開かれたんですね。

そのときに、ゲゼルのこと、ピアジェのこと、ヴィゴツキーのことっていう形で、様々な発表があって、日本人の何人かの人も発表した。僕だけが、それが違っていて、「風船説」というのを、みんなに笑われながら発表したんです。でも、今、ヨーロッパの幾つかの国で、この「風船説」が教科書に出ていて、自分ではとても恥ずかしく思っています。

「風船説」はどういうことかと具体的に言うと、発達という説明の仕方の中で、確かに、おなかの中の胎児の頃から発達が始まって、私のように老人になっていく。そういう形で、乳児、幼児、児童、青年、熟年、そして老年へという、こういう形の、年を取っていくという形も発達。これは全ての発達の中に存在するものなんですけど、だけど、この中で階段といわずに、「風船」というのは、どういうことを表そうとするか。

確かに、乳児、幼児、児童、青年っていうふうにあるけれども、一つの風船の中で、風船は自分の力で膨らませるから、乳児の頃はこの程度、幼児のときはこの程度って膨らませ方も、一気に膨らますんじゃなくて、自分はどんなことが一番できるのかとか、自分は何が好きなのかな？　っていうのを行ったり来たり、行ったり来たり。乳児や幼児、幼児から児童へというような形を、いつでも行ったり来たりしながら、自分は自分の、一人一人の風船を持って生まれてきている。だから、一人一人の風船は、色も違うし大きさも違う。様々な形の風船を持っていて、その風船の膨らませ方で違ってくる。

まず隠されているのは、生まれてきたときから風船を持っていること、それ自身が、あなた自身が、その風船を膨らませることが発達なんだよ。つまり、発達をするっていうのは、あなたがあなたであっていいことを許される世界なんだ。そのためには、その風船の膨らませ方が、あるときは一気に膨らませたり、あるときにはゆっくりと膨らませたり、行ったり来たり、行ったり来たりしながら、乳児から老年まで全てを行ったり来たりできる一つの大きな袋の中で、小さな膨らませ方や中ぐらいの膨らませ方や、っていうふうに、自分の力をコントロールしながらやっていけるというようなのが、一つの「風船説」ではないかって話していたときに、ヨーロッパのその何人かが、おもしろいという言い方は変なんだけど、そういう考え方もあるよね。つまり、ゲゼルやピアジェ、ヴィゴツキーを入れたような図式にはなるよねっていう見方であったと思うんですね。

だから僕たちは、さっき最初に記したように、人間がとても人格を磨けるように教育を受けられる学校とかいう所に行って、しっかり自分たちを磨いていって、良くなるようにっていうことを大事にしたくて、二足歩行から始まって、徐々に徐々に、階段じゃないけれど、上っていって、一つの人格になっていくことを目ざしていった。にもかかわらず、人格ができるかできないかの間に、どんどん下がっていって、今は気が付けば、自分たちや、今まで諸先輩が磨いていてくれていた防御的なものとか、実際に器用に何かをやっていることを捨ててしまって、なんだか、ただ単純に、自分のことだけ、好きなことだけをやってしまうようなことになってしまっている。

それに対して、発達っていうのは、好きなことをやっても良いですよっていう意味ではなくて、あなたがあなたであっていいということなんですね。

つまり、一人一人があなたがあなたであっていい。他者と一緒になっていくことではなくて。これ、後から何回も出てくると思いますが、教育における平等は、何かみんなが同じようになっていくっていうようなことや、同じように進んでいくっていう、階段を一緒に上っていくようなことを根幹に置こうとするんだけれど、それが決して間違っているとは思わないけれど、そのことで本当に平等が違った形に出てくるんじゃないか。一人一人が違うことが平等。私とあなたとでは同じようになることが平等ではなくて、僕は僕、あなたはあなた。でもお互いを向き合って好きという形。それがいわゆる人としての平等であり、同じようになっていかなくてもいい、違った形であってもいい。それでも同じように、人としてお互いが向き合えることが平等っていう形じゃないかということですね。

これはどのような形で学んだかっていうと、私の経歴の中に、発達障害や、障害のある子どもたちの研究をしていた研究所が、唯一、国立の特殊教育研究所としてあった。今は特別支援教育研究所という名前ですけれど、最初のときは、特殊教育研究所という名前だったんですね。それが今のような、発達だとか人間の大きなくくりの中での発達を含めて考えたときに、どうしていったら良いかっていうことを、根本的に考え直すことができたのは、そういう障害のある子どもたちの教育をどう見ていくのか、考えていくのかってい うことが研究所の中で議論されているうちに、平等というのも、一人一人が違うことによって平等になっていくということを、基本的に教えてくれたんですよね。

だから、私たちは、たとえば、障害のある子どもたち、たとえば、目が不自由であること、耳が聞こえることに対する不自由であることは、ひとくくりにしてしまうんですよね。障害であっても、目が不自由なこと、聴覚が不自由であること、身体的な障害があることとか、知的な遅れという形で、知的な遅れに関してもいろいろな形があって、違う。ひとくくりにして、知的教育、それから聾教育、聴覚教育、視覚教育っていう形で、それぞれが別々の学校として、障害種別にできてきたのね。

それに対して、その発達や様々なことの研究をしていくうちに、一人一人が違うことが発達なんだというふうな、そしてマイナスの方向へ行くことも発達なんだって。プラスばかりじゃなくて、マイナスの方向へ行くことも発達なんだと考えることによって、障害という、非常に分かりやすい、ぱっと見でも分かるような形の障害をもっている人や子どもを、私たちは簡単にひとくくりにして、視覚障害、聴覚障害、肢体不自由というふうに分けていく形で、その人たちを別枠の形で教育してきたんですよね。それも、学校教育が変わっていく一つの役割を果たしているんですけれど、そこに、障害をもっている人たち自身がこう言っている。「私たちは、確かに視覚が不自由でも、私たちの周りに視覚が不自由な人がいても、全く見えない方も、少し見える方もいらっしゃるし、めがねや何らかの形で補強することによって少しずつ見えていく方もいらっしゃる。そうすると、視覚障害といっても、ひとくくりではない。視覚障害でも、一人一人が違う。ということで、肢体不自由にしても、聴覚障害にしても、聴覚という障害のひとくくりじゃなくて、聴覚障害の中にも、一人一人、一人一人が違った形の重荷を背負っていて、一人一人の生き方も違うし、もっている障害種の別でも違う」ということを教えてくれた。これがまさに、今の学校教育を大きく転換することになったんですね。

私が勤めていた研究所の最初の名前、皆さんも覚えてらっしゃる方がいるかもしれませんが、「特殊教育」という言葉だったと思うんですね。それは昔から長い間続いていて、ある種、特別な思いをもって教育をしていかなきゃならないという意味での特殊ということで、正しかったと思うんだけれども、それをひとくくりにしていってしまったために、特殊教育を、いわゆる一般の教育としてやっている教育とは違った形の溝をつくってしまったんじゃないかっていうことです。

今はこれは許されてないですよね。お互いに障害があろうとなかろうと、平等に同じ場所で教育をできるなら、同じ形の教育の場所でやってもいいし、同じ教育では皆さんと違い過ぎるとすれば、あなたのもっと生かせる場所や、私の所でもやれること、いわゆる、一人一人が違っていることで、その人にとっての必要な教育を考えて受けていく、という形になっていくという。

教育は大きく変わろうとして、一つの節目になっています。一つの学校へ、という形。

もうあり得ないとは思うけれども、皆さんは覚えてらっしゃるかどうか分かりませんが、僕の場合はまさに一緒にやっていた時代があったから話します。サリドマイド児のことです。日本全体が、世界も大きく揺れたこと。

サリドマイドという睡眠薬を妊婦さんがある時期に飲むことによって、おなかの中の胎児の発達が異常に止まったり、時期によって違った形になったりした中で。私たちは大きく世の中を動かしたのは、サリドマイドの症状をわずらって生まれてこられた典子さん自身が主演する『典子は、今』っていう映画を、皆さんの中には、覚えてらっしゃる方もいらっしゃるかもしれませんね。典子さん自身が肩から先が成長しないままで、手はある、あとはいわゆる五体満足なんですけれども、肩から腕が出ていないという形のサリドマイド児です。

典子さんが小学校へ上がっていくときに、両手が私たちと同じように使えないというだけで、知的にも身体的にも全てが何でもできるという状況。でも、何でもできるかっていうと少し違っていて、足で食事をし、両足で字を書き、自分の服を着るのも自分の足を使ってできるということなんだけれど。そういうこと自体が、今は考えられませんよ、考えられませんけれど、典子さんは40年強ほど前にですね、その状況で小学校へ入学したいと言って学校へ行かれた。そうしたら、小学校の校長先生が、ひと言なんとおっしゃったかと言うと、「無理」です。「どうして無理なんですか?」と典子さんが尋ねたら、「あなたは、字を手で書けないから。どの子も手で字を書いているのに、あなただけが手で書けないということになると、みんなと一緒じゃないので無理です」と。

それで、教育委員会の人に、「私は手で書けないけれども足で書けます」と訴えて、実際にその場で足を使って書く姿をお見せになったんですね。そうしたら、まあ時代だよね、今は考えられないと思うけれども、そのときに、校長先生や、教育委員会の方々はなんて言ったかっていうと、「典子さんにふさわしい机がありません」。当時、典子さんのご家族が木で手作りをなさった、典子さんが足を使って字を書いたり食事をしたりするのにちょうどいい机を持っていて、いつもその机を持ち歩いて、字を書くときはその机で書いていた。足で書く姿を見た教育委員会の人が、学校に同じ机がない、これは机じゃないから違うんだ、みんな平等で同じことが大事だって。本当に、考えられないことが教育の現場で起きていたんですよね。

みんなそれを納得していて。でも結局、典子さんはそれに対して闘おうということになった。みんなと違う、私のように障害があって、同じようにサリドマイド児であっても、手は動くけれども、逆に足の指がない方もいるし、足首から先がない方もいらっしゃる。様々な形のサリドマイド児の姿がある。それを考えてみたときに、これはよし、これはだめだというふうになって、いろいろ一律にしてしまうんです。

これはこう工夫すればいいですね、これはこうしたら工夫することによってあなたは生きていけますよね、うまくあなたを生かしていくことができますよねっていう考え方を取らなくて、みんなが同じ机、同じような鉛筆の持ち方をできるかどうかを教育の一番大事な根幹に置いてしまった。こんな間違いって考えられない。

でも、今でもまだ少しあるんですね。子どもたちの発達障害っていわれている「気になる子どもたち」の一人一人の姿を見ると、本当に皆さんもそういう形で反撃してしまいたくなるんでしょうけれど、いわゆる一人一人が違って、一人一人にとって何が必要なのか、この子、この方は、何が今必要で、何を支えてあげれば、何がこの子の中で生み出されるのか、というふうに考えない。みんな同じようにしなくてはという考え方が、今でも残ってしまう。これは、この講義の後に、映像を見ていただきますので、一緒に考えてもらったらいいかなと思っています。

この「発達」という部分で、長々としゃべってしまいましたけれども、本当に一人一人が違うことが平等であるということが、今の教育の中に定着しないと、みんな同じようにならなければいけない。同じような方向へ向かっていくのが平等なんだと。親御さんにも、同じようにしていきたいと思うことが、やはりあるかな。

また昔は子どもさんが多かった時代は良かったけれども、最近、子どもさんが少なくなっている時代になったら、また兄弟の中で同じようなことが起こってしまうかな。いろいろ出てきたりはしますよね。だけど、子どもって本当はすごい能力があって、子どもたち、親はそう思ってなくて、お兄ちゃんができたことは弟も妹もできるはずだと思ってしまうところがあるんですね。

たとえば、プールでの泳ぎの話。一番上のお兄ちゃんが泳げるようになったのは、お父さんが「泳げ」ってその子どもをポンッとプールへ投げ出したら、男の子の性格で必死になって頑張ったからだと。それはその子のもっているよさであり、その子の性格でなんとかうまく逃れて泳げるようになっていった。

そうするとお父さんはこれが成功したと思ってしまう。だから今度は弟もできるはずだと思って、弟を投げてしまったら、危うく命を失いかけてしまった。

兄弟といえども、全く違うということ。兄弟のよさはあるけれども、一人一人のよさ、違うということのよさを認めないという中で、教育における平等って言ってしまう怖さを、ぜひ今一度考え直さなきゃいけない時代にきているな、っていうふうに思います。

心って？

次に、心の問題ですが、この図（P.35）は何かって。昔「心はどこにあるか」っていったときに、やっぱりドキドキしたこと、ギリシャ時代にはいろんな形でドキドキした、好きな人ができるとドキドキする、「何かを言わなきゃならないな」って思うときにドキドキする。そういうようなドキドキは、胸がドキドキするので、ハート形に書かれています。

「胸に心があるに違いない」って思ったというので。

今は世界どこの国でも、心はどこにあるかって聞いたら、みんな「脳の中にある」って答えるけれども、図を描かせるとハート形で描く。心臓のような形で描くっていうのは非常によくできていると思いますね。

でも、心臓にあるっていうこの図は、私たちに心を説明するのにとても便利な心の描き方じゃないかと。この心臓をハート形に描かれていて、まっすぐ線を引いてありますね。二つの大きな心があるっていうんですね。

まずは知識、物を考えるという知識。考えるという心。それから情緒という一つの優しい心、相手に対する思いやりという心、考えること、思いを馳せること、思うということ。

こういう二つの心というのが一番大きな枠組みを占めていて、考えて相手のことを思い合うということが、このきれいなハートの形になることによって、豊かな心になるのが一般的な心の考え方ですよね。

ところが私たちはその心を、見えないところに

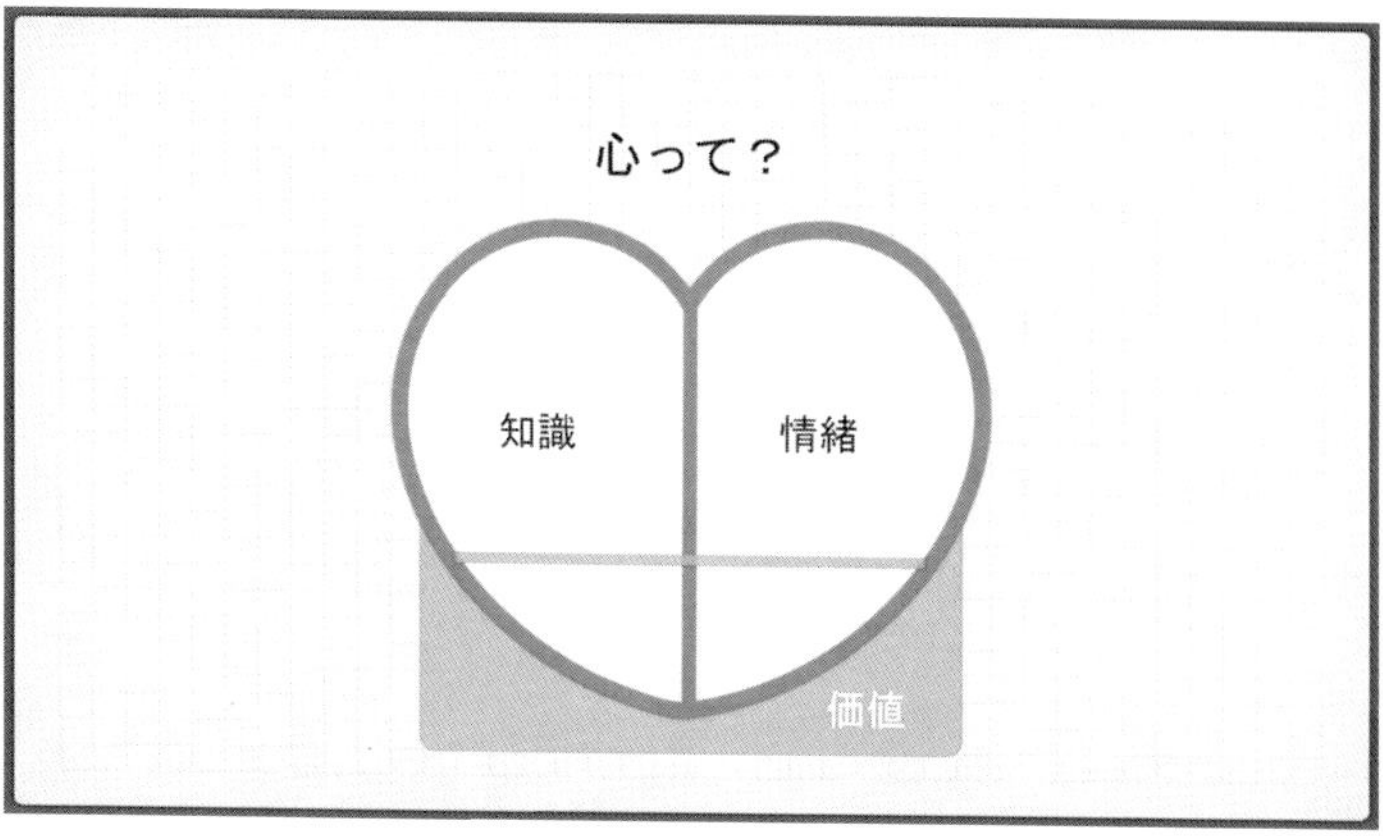

ありますし、特に知識とかっていうのは見えるようで見えない。しかし、知識は見えるときはありますよね。

子どもに「3＋5はいくつ?」とか「2＋2はいくつ?」とかそういう具体的な目に見える知識みたいなのがあるから、どうしても知識っていうのは見えやすい見える心。情緒っていうのは思いやりですから、相手を思うとか優しさとかっていうのはなかなか見えないっていうので、見えない心。心には見える心と見えない心に分かれていて、二つのバランスが取れていくことによって豊かな心となる。

同時にその豊かな心が倒れないようにするために、価値という考え方があるんですね。人間の価値。

子どもたちに対して「大きくなったら何になる?」ってよく聞きますよね。僕にも息子がいて、僕は「息子は何になってもいいや」って、「この子は好きなものになればいいや」と思っていたんですが、私の家内が息子に「あんたは何になりたい?」って聞いたとき、息子はその頃、ラーメンがとっても好きだったので「ラーメン屋になりたい」って。そうしたら僕も、「おお、ラーメン屋はいいな、ぜひやれ」って言って。そうしたら、私の家内が何て言ったかって、「今の世の中はラーメン屋って言っても簡単じゃない。フランス語や英語やラテン語や、いろんな言葉をしゃべったりするためには大学を出てラーメン屋をやったほうが良い」って、訳の分からんことを言ってですね。息子がもっている、本当に自分がやってみたいなっていうような価値に対してですね、大人が「こうなれ」という形でいちゃもん（言い掛かり）をつける。

だから心っていうのは、どうしても価値のことも見えないし知識のことも情緒のことも見えないので、知識ばっかりを優先する親が出てきたり、思いやりばっかりを優先する親が出てきたり。つまり優しさだけの子ども、知識だけの子ども、っていうような偏った形の心の子どもが育っていっている可能性もある。

その場合も固まっていて、「絶対に自分は良い学校に行って、東大を出て、こうなるんだ」っていうような訳の分からんスカタン（見当違いなこと）を言ってしまう。ということになっていて、心自身が見えにくいのですね。本当にバランスが取れた形で豊な心をもった姿になっていない。僕たちはあらゆる子どもたちを現象的に見て、今の現象の中でそういう姿が出てきている点が、残念に思います。

「発達」「心」「教育」っていう問題を、大雑把にいろんな話をしてきました。人間ってどうだろう？　っていうところから出発して、教育の問題を考えてきました。そして発達の問題も考えてみました。そして今、心っていう問題を考えています。

やはり非常に分かりやすそうで、分かりにくいのは、見える心と見えない心っていうのがあって、どうしても私たちは見える方向へ見える方向へと行ってしまうので、歪んだ心をいつの間にか子どもたちの中につくっている、ということについては反省せざるを得ないというふうに思います。

豊かさって？

今はもう、本当に未曾有のように豊かになってきたけれど、本当の豊かさってなんなんだろう？　って思うわけですよね。次の図（P.39）のように、昔も今も変わらないのは、家族・学校・地域がある、この三つですよね。その真ん中に、昔、約20年弱前までは、子どもっていうのは、家族・学校・地域の中の真ん中に入れられていた。

ある意味では閉鎖的な管理教育だった部分があると思いますね。管理教育的な、いわゆる上から押し付けて、閉鎖的にして、この三つの外に、出さないように、出さないようにってやってきた。それを「雀の学校」っていう人もいました。

『雀の学校』（作詞／清水かつら　作曲／弘田龍太郎）の歌詞をご存知だと思いますが、「これ！　こっちを向け！　こっちへ行け！」って全ての子どもを同じ方向へ向かす、捉え方によっては閉鎖的なものと思われることも。良い意味でも悪い意味でも、閉鎖的な管理教育をやってきた。

それは私たちにとって、各家庭のそれぞれが同じような形の豊かさだったたって。それがいつの間にか豊かさが今は少子化になっていき、豊かさも各家庭によって違っていき、そうしてある人にとっては効率よくやっていきたい、早くに子どもを賢くしたい、というようなことを言う人が出てくることによって、豊かさというものがもたらしたものが、本当に人間の豊かさをもたらしたかと。人間にとって本当に豊かな豊かさをもたらしたのではなくって、どちらかというと、昔のような「家族・学校・地域」という三角形的な要素というのが崩れてしまって、子どもが真ん中にいなくてですね、各学校・各地域・各家族が、それぞれが勝

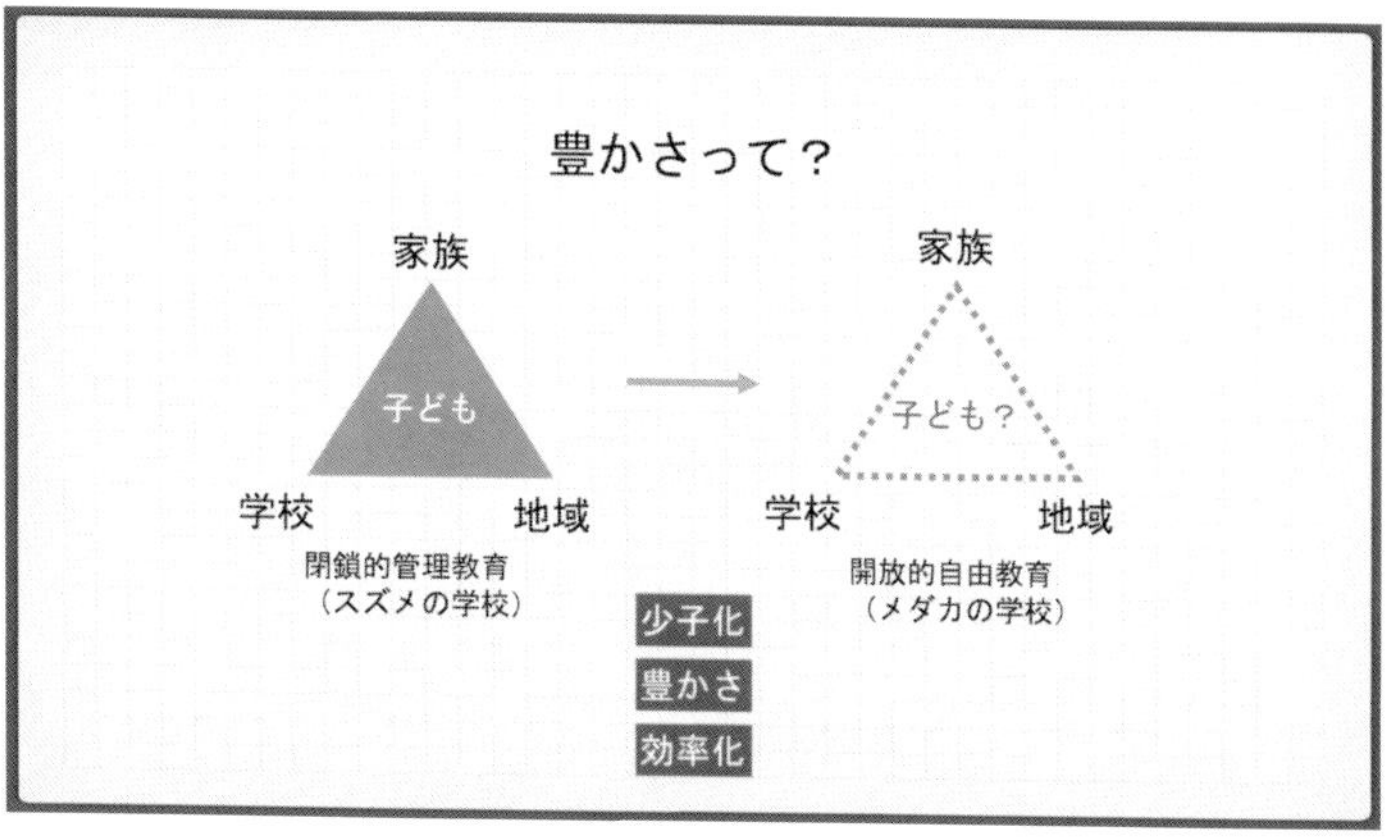

手に子どものことを言い始めてしまった。

それだから、そういう意味ではある意味で開放的な自由教育っていえる。それは決して悪いことではないという気がしないでもない。

でも、この閉鎖的管理教育から開放的な自由教育へ移っていくときに、何か僕たちがきちっと持ち続けていなければならなかった、いわゆる…、高齢者を大切にするとか、一人一人の命を大切にしなければいけないとかいう、基本的な押さえ方をしないで、「本当に自由でいいんだ」「開放的な自由教育だ」っていうような形に傾いてしまった。

その意味で、日本はとても豊かな国だといえる。僕自身も、今の新型コロナウイルス感染症の問題を考えているときも、締め付けて上からむちを振るって「こうあれ」「こうしろ」って言っていくことで、締め付けながら私たちがなんらかのものを守っていくっていうことではなくて、その中にあっても、もし考えることができるのは「あなたたち一人一人が考えて、守らなければいけないことを守っていってくださいね」と言ってきた。

ある意味で、日本的自由教育って、これはとても大事な、戦後に私たちが獲得した大切なものだとは思います。自由教育。でも、ちょっと年を取ってきたから考えられたんですが、この自由な教育っていうのは絶対に捨ててはならないと思っていますが、子ども一人一人が違うし、一人一人違っていることが平等であるっていうことでの、本当の意味での自由、「あなたがあなたであっていい」という、自由な教育になっているのだろうか。

ひょっとするとですね、豊かさや効率化によってどちらかというと、勝手な子どもたちが出来上がってきている可能性はないともいえないと思うんですね。自由で勝手な子どもたちが出てくることで、様々な形で、何をしてもいいんだっていうところまではいかないでしょうけど、何をしても俺たちの自由なんだっていう考え方が出ていないだろうか。

何をしても確かに自由なんだけど、そのことが僕たちの周りにいる人たち、様々な自然や社会、そのことについて、どんな形の存在にどんな意味をもっているのかっていうこと、考える力っていうか、そういうようなことにつながっていっているかというと、どうも豊かさっていうのがくせ者のような気がしますよね。今の学校教育の中で、豊かさってあまりにも開放的自由教育の中で、怪しいなって思う部分ができつつあるっていう点は、なんとか考えなきゃいけないんじゃないかなって思いますね。

今の教育、子ども、様々な社会、を入れながら、「課題がどこかにあるよ」っていうのを言っていきたいと思っているんですが、そういうことが果たして話せたかどうか。大雑把に話していきましたけれども、どうですか。

図式の最後のところで「子どもの見方」っていうものを出しますが、私たちは本当に難しいことをしようとしていると思う。「子どもの見方」をしっかり押さえていかなければいけません。

子どもの見方って？

私の恩師は、亡くなられた河合隼雄先生なんですが、河合隼雄先生が私に教えてくださったのがこの図（P.43）なんです。

この子どもの見方の図を示して、「小田、これは何に見えるか？」って私に尋ねられたときに、「なんのことなくポンッと答えるとすれば、飴玉ですね」って言っていました。「飴玉…いや、オタマジャクシのカエルの…いや、メダカの目かな、花かな」とかいうふうに簡単に答えたときに、河合先生が「決してこれが正しいわけじゃないけど、本当に子どもの見方って難しい。同じ所から見ていても見える場合もあるし、見えない場合もある。角度を変えて見ていても、見える場合と見えない場合がある。上から見たり下から見たり斜めから見たり、様々な角度から見るということが大事なんだけど、一番大事なのは、この子どもの中で何が育っているんだろうか、この子どもの中で、今育とうとしているのは何なんだろうかと考えて、子どものことを非常に不思議に、非常に謎のように見ることが大事じゃないか」と。

これはドイツでよく言われているんだけど、日本では子どものことを「神から与えられた宝物だ」っていうふうに言うんだけれども、ドイツではそう言わない。「神から与えられた謎である」って言う。子どもっていうのは謎解きのようなものだって。本当に不思議な世界の、〝不思議議ちゃん〟なんですよね。

その意味をもって、河合先生は、授業の最初に私たちにこれを見せた。実際に分かりやすそうで分かりにくいし、自分でこれが言えるか？　皆さんはどうでしたか？　これは何に見えましたか？

河合先生は「はっはっは」と笑いながらですね、私に何をおっしゃったかって言うと、「これはね、兄弟2人が麦わら帽子をかぶって魚釣りをしている姿だよ」って、こう言うんですよ。そう言われれば見えないことはない。

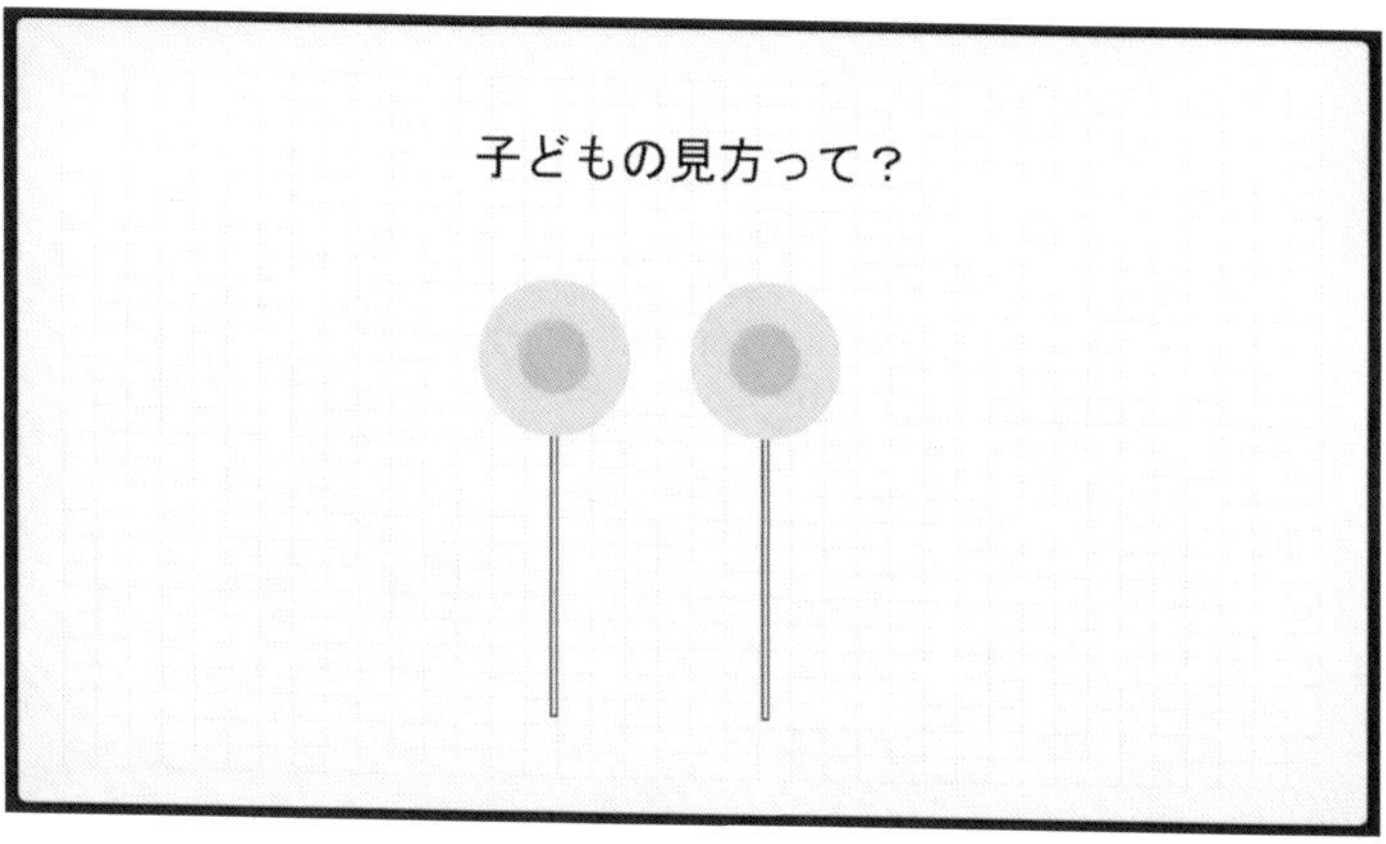

つまり、「こんな形で様々な角度、様々なことで子どもたちは非常に不思議な存在で、謎なんだ」と。その謎解きをするように子どもに寄り添ってみるということがとっても大事じゃないかっていうことをおっしゃっていただきました。

今日はそういった不思議を通して、現在の課題的な要素を含みながら、僕たちが新たに子どもたちの前に出すときにもてるような考え方の角度を、少しでも変えることができるようなことがあればいいなと思って、分かりやすかったかどうかは別として、図式を使って導入にしてみました。

今はまず、学校教育、子ども学、教育全体の課題的な要素が、有象無象にあるわけだけれどもね。

2020年度講義

学校教育の課題と現状

子ども学と保育学の狭間を考える――解説①

◆中橋美穂

学びと遊びの基盤は、人間が人間らしくあること

少子高齢化や情報化、都市化、国際化など、近年の子どもを取り巻く社会環境は大きく変化しています。子どもは「遊び場」を奪われ、遊びの内容も変えざるを得ない状況になっています。そのような変化の中で、子どもたちがとても話し下手で、不器用になってきていると、小田先生は指摘されました。小田先生はご著書の中で、子どもの学びの特性を踏まえ、子ども自身が人間的諸能力を身につけられる場が必要ではないかと以下のように述べられています。

> 子どもが人間的諸能力を身に付けていない。それは、モノの世界を知ることができていないことです。子どもは、自分の目で見、肌で触れ、手でつかむなど、身体全体を使って具体的に事物を体験することで、はじめて対象を理解するという思考の特性をもっています。そうした具体的事実を基盤として、原理や法則といった抽象概念をもつこともできます。
> 人間的諸能力を獲得するためには、子どもがモノの世界を知るという具体的体験をすることなしには不可能です。具体的体験とは、それが子どもの生活の中でなされているものです。子どもは生活すなわち自分が生きていることにかかわっているという実感のないも

のは、一過性の刺激として切り捨ててしまいます。その意味で、子どもの世界にとって、いま、最も必要なものは、生活に結びついた子ども自身の心と身体を使った人間的諸能力を獲得できる真の体験場所ではないでしょうか[1)]。

失われつつある遊びと学びの基盤の中で、教育・保育の場が、子どもの自由で自主的な活動を大切にする場となることが必要なのではないでしょうか。

またこうした社会の変化の中で、子どもたちは効率的にすることが求められ、また慌ただしく急がされることが日常となっています。そして、今、学校や家庭では、子どもたちが単に何か「できる」や「分かる」といったことだけを基準に行動しようとする姿が増えています。このような状況の中で、いわゆる知識中心の画一的な早期教育・才能開発教育とは異なる教育の在り方を、小田先生は述べておられます。

教育とは生き方の教育である。(中略)生き方の教育とは、一つの定められた生き方を教えようとするものではありません。人間は本来、それぞれが自分の個性、よさ、可能性を見いだして自己実現を図り、よりよく生きたいと願っている存在です。子どもたちが、そうした願いを実現するためには、いかに生きるべきかを自己決定していく過程が不可欠です。生き方の教育は、その過程で援助をする役割を果たします。そのとき、かけがえのない人生は、子ども自身のものなのだということを忘れてはなりません[2)]。

小田先生の述べられる教育の場では、ゆとりある時間が流れ、「一人一人が違うこと」が大切にされた平等があることでしょう。子どもが子どもである生活を通して、一人一人のよさを生かし、「その子らしさ」の輝く姿であふれる園生活が営まれることでしょう。

そしてそこには、子どもが意欲的で、満足感や充実感あふれた発達する姿があるでしょう。その発達の見方が、小田先生の展開する「風船的発達観」です。

子どもの発達は子ども自らが「ふうせん」を膨らませていくようなものであるという〈発達観〉です。発達は、大人や保育者が主導していくのではなく、自らが自らを膨らませていくことであり、大人や保育者の役割は、その「ふうせん」が破れないように支えていくことであるという考え方です。

ふうせんは小さくてもふうせんであり、また、途中を省いて突然大きくふくらむものではなく、吹き出しから順序をおって少しずつ大きくなります。しかも、ふうせんは一つとして同じように膨らまず、色や形はそれぞれの子ども自身の手で選ばれるのです。したがって、発達は一人一人の膨らまし方の中にあり、一人一人が自分なりの発達を選択していく中にあると考えてよいという考え方です。

発達段階のとらえ方としては、幼児期は幼児期として、児童期は児童期としての膨らみがあり、各々の時期を充実させることで、次の膨らみへと移っていくと考えられるようになりました。これは、幼児期と児童期の間を行ったり戻ったりすることはできないが、幼児期をきちんと充実して過ごせば、児童期を迎えてからも内包する幼児期には行ったり戻ったりすることができるという考え方です[3)]。


このような発達観は、一人一人が自分らしくある、「あなたがあなたであっていい」ということを大切にしています。

しかしながら、講義の中では、「見えるもの＝見えやすいもの」で子どもの発達を見ることや、経済的豊かさによる開放型の自由な教育によって、本当の意味での「あなたがあなたであっていい」という教育になっていないのではないかと問われています。

「心って」という問い掛けでは、そばにいる大人が「分かる」や「できる」といった「見えやすいもの」で子どもの発達を捉えてしまう傾向にあることで、「分かる」ことだけを詰め込まれた知識化された「こころ」の部分だけを育ててしまっているのではないか。「『かわいそうな人には親切にするのよ』と情緒的なことを言い聞かされることも、『こういうときはこうする』といった反応の型が作られるだけで、こころの知識化を促すものでしかない」と指摘されています[4)]。

「豊かさって」という問い掛けでは、家庭・学校・地域の三角形の中に子どもを閉じ込め、一つの子ども像（たとえば、黙って教師や大人の言うことを聞くのが良い子）を位置付けていた閉鎖的管理教育の時代から開放的自由教育の時代に移行していることが示されています。

しかし、経済的に豊かになったことで、家庭は「うちの子は、遠くても良い幼稚園に行かせよう」と思う人が出てきたり、地域の中では「もっと豊かな地域をつくりたい」という意識が生まれたり、学校は「特色ある環境をつくって子どもを迎えたい」というように、それぞれが違った目的に向かって走りだしてしまった。その結果、三角形の中には子どもが存在しない開放型自由教育へと移行したのではないかと問い掛けておられます[5)]。

そうした課題をのり越えるためにも、「子どもの見方」を間違ってはいけないと説かれているのです。講義の中で、日本では子どものことを「天から授かった宝物」というお話がありました。少子化の中で親子密着型の家庭が多くなり親子関係がうまく機能していると考えたくなる一方で、子どもが大きくなるにつれ何を考えているのか分からないという悩みをもつ保護者も増えていることがあります。小田先生はご著書の中で、「真の少子化とは、現在の豊かさの中で子どもたちの生き生きとした姿が減少し、子ども本来の姿が無くなり、子育てが年々難しくなっていることに不安を抱いている現象をさしている言葉ではないか[6]」と、数的なものだけを意味するのではないことを指摘されています。そして、「日本では、幼い子どもはなかなかわかりがたい『ややこしい』ものということから、そのややこしさを愛おしむために伝統的に『ヤヤ子』と呼んでいた[7]」ことを踏まえ、「子育てとは、子どもが一人一人の人間としての成長する過程にある謎解きとして、時に悩み、とまどい、喜び、感動し、子どものキラキラとした姿、ドキドキさせる姿、ワクワクしたくなる姿に出会いながら、親と子が共に成長することなのではないでしょうか[8]」と記されています。

宝物のように大切に子どもを育てるときにこそ、「何が育っているのか」「何が育とうとしているのか」を考えることが必要なのではないか、いろいろな方法で子どもに寄り添ってみることが大切なのではないかと教えてくださっています。

1）小田豊著 2001「新しい時代を拓く幼児教育学入門―幼児期にふさわしい教育の実現を求めて―」東洋館出版社 p.27-28
2）前掲1）p.22
3）前掲1）p.17-18
4）小田豊著 2001「子どもの心をつかむ保育者―子どもの願いが生かされる幼児教育を求めて―」ひかりのくに p.24
5）小田豊著 2003「幼児教育再生　生きる力を身につける学びと遊び」小学館 p.11-13
6）小田豊著 2011「子どもの遊びの世界を知り、学び、考える！」ひかりのくに p.10
7）前掲6）p.32
8）前掲6）p.73

講義Ⅱ

みんなで育てる　みんなで育つ

～子どもの困難さに寄り添う保育～

では、今から映像を見ていただくんですけれども、これは、今、とても大きく問題になっている発達障害、生きるのに困難さを感じている子どもたちの映像です。この映像はこうしたらこのように良くなるとか、なんとかなるとかそういうものではなくて、講義の最初でも言ったように子どもたちが一人一人違うということを表しているものです。

特に発達障害という名前を付けてしまったのは、良かったか悪かったか、みんなで反省をするときもあるんだけど、発達のもっている発達の仕方が、多くの人と違ったものがあるという点で発達障害と付けてあるので、障害児として付けているわけではないということです。障害児ではないけれども、でも非常に個性が強くて一人一人がもっと多くの子どもたちにも違った姿、その中で自分が自分であることを学んでいこう、いわゆる困難さの中で学んでいこうというもの。

その中では、先生も手が掛かる。周りの子どもたちも大変だと思うけれども、その中にあって、子ども自身がなんとか自分で育っていこうとする姿を見せているのを皆さんに見ていただいて、そして考えていただければありがたいかな。

写真：DVD「みんなで育てる　みんなで育つ ～子どもの困難さに寄り添う保育～」の一場面

ここ十数年で手がかかる、気になるといった子どもの相談が増えてきました。それに伴い幼児期の教育においても、特別支援を必要とする子どもたちを受け入れることが求められています。子どもたちの発達には個人差があり、特に幼児期は発達も著しく、障害があるといわれた子どもでも、成長段階で症状が変化したり、周囲の大人たちの適切な関わりで、気になる症状も改善されたりすることが多くあります。基本的には就学前までは、障害と断定しないで、「個性の強い子」という考え方で接することが大切です。

このビデオは、幼児一人一人の個性や困難さに正面から向き合う幼児期の特別支援教育の在り方を教えてくれています。（DVD監修の小田豊先生の言葉より）

決してこれは、発達障害をもった子どもたちに指導する方法論を映像にしたのではない。一つの幼稚園という場で、こんな形でこういう子どもたちが育っていって、みんなも受け入れていく。その受け入れ方とか、様々にぶつかっていく姿っていうものを見ていただいて、勉強していただければと思っています。よろしくお願いします。

映像をご覧になってどうでしたか？　映像の中で、気が付いたら自分で立ち上がっている子がいましたね。それから女の子も、結局、その男の子が楽しそうにする姿を見て、自分も立たなきゃ、追いつかなきゃ、と思って自分の足で歩いていくという姿を見せるのは、やっぱり一つの学校教育というか。これは幼稚園教育だけれど、幼稚園教育も学校教育の一部ですが、学校教育をもっていう素晴らしさを見せているよね。

子ども同士の中で、お互いがお互いを見合って育っていくということを見せていく、そういう姿だったと思うんですね。ちょっとこの言い方は良くないとは思うけれども、最初の4月や途中で10月ぐらいに、教育委員会の人たちが就学の適正を見る形で来られていましたよね。一人一人の子どもを見られて、そこで注目された何人かの子どもがいましたよね。全く参加しないしうまくいかない、それから乱暴な子ども。いろんな形を見せた子どもたちはどうなったか。実は今、一人の男の子はイギリスへ行っていて、イギリスから私にお父様がメールをくださるんですけど、「英語も少しずつ身につけながら元気にやっている」っていうことをお見せくださったし、乱暴に、「ばばあ死ね」とか、僕が行っているときも「くそじじい」とか「ばかやろう」とか言ったあの子は、最初の9月・10月くらいに教育委員会の人が見学に来られた頃は、とてもじゃないけど難しいということで、「学級に受け入れても大丈夫だろうか？」というような話をされていたんですけれども、実はこの子どもも、今は地元の小学校に行って普通に暮らしていて。

とても大事なことは何かと言うとね、みんなと一緒で同じようにならなければ教育はできないと言われているっていう話を何回もしたけども、そうではなくて、この子どもが、自分の居場所が安定して見つかってくると徐々に落ち着いてきて、自分自身をどうしていったらいいだろうかっていうことに気付いていくっていうこと。自ら気付きながら、それを先生方が支えていくことで、実は育っていくんだということなんですね。

どうしても、僕たちは教師という仕事とか、学校っていう仕事は、なんとかこの子を賢くしなければとか、なんとかこの子を仲間に入れなければということで、どうしてもその先へ進めようと。気まずいことで、その子の本当の心が読み取れていないっていう部分があると思うんですね。

特に、小学校の先生から見たら、「そんなことしていたら、小学校ではとてもじゃない、間に合わないよ」っていうふうにおっしゃるかもしれませんけど、大事なのは、きっと、必ず時間をかけていくと、追い付いていくっていうふうなことを信じて、その子の居場所をとにかく確保してあげるっていうことですよね。

「幼児期にふさわしい教育の実現」(P.55)のことをお話しします。このことは学校教育、小学校教育でも同じことが言えるというふうに、僕は思っています。

幼稚園の園長先生からも教えてもらいましたけど、まず大事なことは、一人一人の子どもたちがやってきて、一人一人の子どもたちの「心の基地」になっているかどうか。本当

幼児期にふさわしい教育の実現とは

園が心の基地か否か

↓

子どもが子どもであることが許されているか否か
（人間らしさ→自分らしさ→愛されている）

↓

子どもの自由さを認め、その中に自立する姿を発見し
それを援助する保育の存在（思いやりのある保育か否か）

↓

あるがままを認め（受容）

↓

こころを開き（待つ）

↓

価値あることに気づかせる（切断・生き方の学習）

にこの子が休まれる場所っていうのが、この園の中にどこかでもいいから、それがあるかどうかをずっと見つめることが大事だというふうに、この園長先生はおっしゃっています。

そして、そのことで、子どもが安心してくると、子どもが子どもであることが許されているから、つまりこの子が、どうしても注意、僕たちが教師だから、僕も教師だったから分かるけど、自分の息子の子育てもそうだけど、どうしても注意したくなる。直したくなる。それはよく分かる。でも、とにかくまず受け入れるっていうことがすごく大事なので、とにかく子どもを、あんたはあんたでいいっていうことを許していっているよ、っていうことを相手に分かってもらうように、とにかく、きちっと相手に合わせながらやる。

そのためには、人間らしさをまず何か、そして、あんたらしさはどういうことなのか。そして、愛されているってどういうことかっていうのを、具体的に、どういう形でもいいから、経験させるっていうことですよね。

そのためにはどうしたらいいか。

第一に、子どもの自由さを認めて、その中に自立する姿を発見して、それを援助する。ここに教育の意味があるんですよね。

そのために、まず受容。あるがままを、とにかく受容してみよう。相手が心を開くまで、これはとっても難しいけどね。

確かに、蹴ったり、わめいたり、わーって言ったりして、他の子どもを傷つける可能性があるけど、よくよく見てみると仲間をそんなには傷つけない。自分自身がどうしたらいいかよく分からなくなっているわけで、その辺のところを見つめてあげると、その子はかなり心を開いてくれる。

そのためには、待つということが大事です。待つ瞬間が、すごく長い子どもも短い子どももいる。そして、心を開いてくれたら、映像の場面の中にもあったけど、がちっと抱き止めていって、やっちゃだめっていうことを伝える。心を開いた子どもでないと、それはだめだけどね。開いてないときから、だめだ、だめだ、だめだってやっていくと、だめだ。

だから、これからのふさわしい教育は、まず、あるがままを認めて受容すること。そして、徹底的に心を開くまで待ってやる。そして、あることに子どもが一つ、二つと気付いていったときに、本当にそこで初めて、生き方を学習させる。

時間がかかります。それは、よくよく考えてみたら、すごーく長い時間。この短い、子どもでいる間に全部を身につけなきゃいけないっていうことはどこにも書いてないし、そうではないと思うんだけど、いつの間にか僕たちは、教育っていうのは、早くやったほうがいい、効率化を求める、となっているについては、注意しなきゃいけないなっていうふうには思います。

で、第二に、子どもたちが本当に教師と子どもを豊かに結び付けるものとして、考えておかなければいけないのは、やっぱり、やっていることが本当に子どもに見合っているのかどうかとか、興味や関心があるものなのかどうかとか、いろんな形で。様々な願いが達成できるようなものなのかとか、やっている教育の内容の構成を、一度、子どもの側に立って考えてみるということが今求められているんじゃないかなっていうふうに思います。

だから私たちは、そのためにはどうするか。自由にして、何もかもやっていていいんだよ、っていうふうなことを言っているわけじゃなくて、やっぱり保育や教育の周りには、構造化と、評価が必要ですから、そのためには幾つかの評価の方法をもってないといけないとは思います。

当たり前のことですが、まず私たちは教育をやっているけども、この教育は子どもの立場が本当に守られていたかどうか、ということをまず考えることが大事。〝今日の活動は、一方的に大人や教師が教えたことではないか？　本当に子どもの立場を守られたかどうか？〟っていうことをまず見つける。それから、〝今日やった活動の位置は、生活全体の中で、どのような位置付けになるだろうか？〟っていうことを見てみる。

それから、第三に、活動の位置はどうだったかっていうことを見るときには、この子の自己発揮の瞬間が少しでもあったかどうかを見つめる、ということですね。

それから、映像の場面でもたくさんあったと思いますが、結局、集団が育っているかどうかに関わりますよね。ここでは、子ども一人一人をほったらかして（放置して）いるように見えるけど、実は気になっている。一人一人の子どもの育ちと、集団の育ちっていうのは、重なり合って出てくるんですね。その辺はどうだろうかって思ったほうがいい。

そして、こんなことを言ったら、また逆になるような気もしないでもないけど、そうは言っても、何をしてもいいというわけにはいかない。やっぱり、この時期にふさわしい子どもの活動の内容になっているかっていう点を押さえる。活動内容は、常に何をしてもいいっていうわけにはいかない。この保育の質で、子どもたちは育っていく可能性を本当に見いだせるかどうかっていうことを、ぜひ考えてほしいなと。

教師と子どもの人間関係

教師
↓
↓
↓
子ども

教師→→→子ども
←←←

育てることへの働きかけ　育つことへの働きかけ
発見・発明　模倣　同一化
自発性（とりかかり）→持続性（途中）→終了（自己統制）

最後は、教師の関わりは適切だったかどうか。これは、注意ばっかりするんじゃなくて、抱き止めるばっかりでもなくて、適切かどうかっていうのは、とにかく子どもを見つめて、この子の中に、今、何が育とうとしているか、育っているかっていうのを見つめてみて、初めて教師の役割が見えてくる、っていうことを考えたらどうでしょうか。

そして、教師として子どもとの関係を見つめるならば、これはもう従来からあった教師と子どもの関係を変えざるを得ない（上図）。

昔は、教師と子どもの関係は、縦の軸にあったと思うんですね。縦の軸にあったっていうことは、間違いないことだけど、教師と子どもの距離が非常に近くなっているので、横軸も受け入れなきゃならない。だから、縦軸と横軸を両方入れていくっていうのが大事ですね。

子どもたちの何が育っているかっていうのを見つめるための横軸。どのように育ってほしいかっていうための縦軸の形で、育てることへの働き掛けと、育つことへの働き掛けをずっと見つめてほしいと思います。

それから、子どもは学習するっていうことをどう考えるかですよね。どういうことかっていうと、その学習は、基本的にこの三つの中に、自由感あふれる中で子どもたちは見つけ出す。

まず、友達同士でいることによって、発見したり発明したりする。それはやっぱり学校がもっている、教育がもっている。本当に素晴らしいこと。

で、次には、友達と一緒に過ごすことによって、模倣してみたくなる。映像の場面にもあったと思いますが、一人の乱暴な男の子をどんどん信じて、彼のようになっていきたいっていうことで、模倣を始める。そして、模倣がある程度できるようになると、自分もそういう人間になりたいという同一核っていう形のものを。学習というのは直ちに何かを知ることやできることではなく、まず子どもはじっくり発明したり、発見したりする時間が必要だし、誰かを模倣できるかどうか。そのためには集団がすごく育ってないといけないっていうことだと思うんですね。

キイワードから考える保育原理

- 正対　　聞くから聴く
- 角度　　つながりをつくる（異価値を認める）
- 共感　　心の流れに添う
- 対話　　最大に関心を払いながら放っておく

- 恥の文化と罪の文化　　天からの授かりものと天から与えられた謎
- 率直と権威

そして、集団で育っていくと、あの人みたいになりたいっていうことが徐々に模倣じゃなく、あの人を超えるぐらいの、つまり相手を好きになるっていうことがすごく大事です。教育の根本のところに好きっていうのが入ってくるんですね。あの人と同じように好きになっていく。あの友達が好きだから園に行く、まねてみる、っていうふうに、好きということをすごく大事にする関係性を見つめてほしいと思います。

保育原理を、キーワードから考えてみたらどうだろうかと思いました（上図）。正対して「聴く」というキーワードを考えます。

私たちは、まず、子どもたちを見つめる場合に、子どもたちに向かって、なんとなく「あんたの話を聞いてあげよう」、「聞いたる、聞いたる」というふうに考えてしまいますが、そういう考え方をするんじゃなくて、聞き方として、子どもの側が、「あ、この先生は僕の話を聴いてくれている」、こういうふうに思うことが大事。

「先生、先生、先生」と子どもが言ったら、先生は「はい、聞いてあげますよ。なんでも言いなさい」って言うんじゃなくて、子どもの側が、〝この人が聞くっていうことは、私の話を本当に聴いてくれているっていうことだ〟と感じないと、関係性ができないって思いますね。そして、関係性ができたら、つながりをつくるためには、様々にある異なる価値を認めるという広さを、私たちは求められると思うんですね。

そして、次に大切なことは、心の流れに沿うこと。それはどういうことかっていうと、よくあることなんだけど、たとえば、「どうして夕焼けは赤いのか」、「夕焼けはあんなふうに見えるのか」って聞かれると、子どもたちに対して説明をしたくなるんだけど、子どもの側に聞いてみることが、心の流れに沿っているということなんだっていうことに気付いてほしい。

「どうして、夕焼けは赤いのかな?」って子どもが聞いてきたら、「どうしてでしょうね」、「なんでやろうねぇ」っていうふうに言ってあげる。それが、心の流れに沿うことなんですね。心の流れに沿うって、何でもかんでも子どもの言っていることを「うん、うん、分かる、分かる」ってすることじゃなくて、そのまま返してみること。本当に心の流れに沿うっていうことは、「なんでそうなんだろうね」、「どうしてだと思う?」。こういうふうに聞き返すことによって、子どもの心の流れというのが分かってくる。

僕たちはどうしても「なんで?」と聞いてしまう。「なんで?」って聞いたり、「それは違うでしょう」って言ったりしたくなるけど、逆に、「どうしてだろうね」って聞いてあげることが大事だと。

そして、難しいことですけども、その子に最大に関心を払いながら放っておくっていうことが、できるだけ子どもに関心をもちながら、その子の自由感あふれる生活をできるだけ、危険がない限り、認めていくっていうことが、とっても大事じゃないかなっていう気がしました。


「恥の文化と罪の文化」のキーワードのことについて（P.61）。

私たちはやっぱり恥の文化で、もちろん日本の文化っていうのはとても大事にしなきゃいけないし、日本文化を伝統的に大切にして生きてきた、諸先輩方から引き継いできたっていうことはあると思いますね。

だけど、この恥の文化の中で、いつの間にか後ろ指を指すとか、誰かに笑われるような人間になるなとか、恥になるっていう。その子どもさんも一生懸命やっているにもかかわらず、「隣の子は一生懸命やっているのに、お前はやってないじゃないか」っていう比較をしてみたり、本当に恥だっていう言い方をしたりして、子どもを激励しながら教育するっていうのが、日本の伝統的な教育かもしれないけど、この恥の文化っていう考え方は、結構難しさがあって、じゃあ、諸外国はどうかっていうと、恥の文化っていう考え方はなくて、罪の文化として考える。

つまり、生まれてきたこと自体に対して、非常に感謝をしなければならない。あなたが生まれてきてくれたっていうことに感謝する。それに対して、そこでいろんなことが起きて、あなたがいろいろな形の苦しみをする。だから、私たち大人が、罪として、罪の文化として、あなたが生まれてきたことに対する、ありがたさを逆に、大人がそれを飲み込んで、あなたを生かしていくようにしようというのが罪の文化なんです。だから、よく似ているようで非常に違う。

その隣に、天から授かったものと、天から与えられた謎って書いてありますけど、日本の文化には、子どもは天から与えられていると、天から授けられた宝物だと思いたくなるんですよね。だけど、やっぱりそうなると、本当に宝物なんで、ほんとに触らないで、いいようにいいようにってやってしまうけど、それが決して悪いことではない。天から与えられた謎のように、子どもを見つめるっていうのは、一つの教育的なものだなと思います。

僕自身の私的なこと言いますけど、70過ぎて、孫に初めて会ったんですけど、孫を見つめていて、不思議な気がしますね。やっぱり、本当に謎めいていますよね。子どもって。

その謎めいたところに徐々に徐々に育っていく。つまり、どういうことか。子どもと大人っていう言葉があるんだけど、子どもと大人っていう考え方っていうのは、これは日本の上手な子どもの育て方だと思うんです。ヨーロッパの諸外国には、子どもと大人っていう考え方はないんです。日本は子どもと大人と分けて、子どもっていうのは、生まれてから幼い頃がとてもややこしい。〝やや子〟とも呼ぶ。とってもややこしい。

このややこしさを存分に発揮しながら、ややこしさをいろんな中で経験しながら、徐々にやっていいことと悪いこと、言語を獲得するとか、そういうことをしながら育つことによって、徐々に大人しくなっていく。

つまり、子どもから大人になっていくっていうのは、大人っていうのは大人しくなっていくこと。物事が分かるようになっていくことで、大人になる。だから、子どものほうがやっぱりややこしい。それは非常によくできた日本の文化だと思うんだけど、〝大人と子どもを分けた〟っていう育ち方ね、そうなる場合もあるので、その辺のところは、困るなっていうところもあるかね。


文化のことにつなげて、もう一つ。

保育・教育原理に埋め込まれた哲学の一つとして、「三つ子の魂百まで」という考え方にふれています（P.67の図）。

これはことわざで、日本の文化なんですよね。子どもは3歳までに育てないと育たない、という考え方がどっかにあるんですね。それが文化として存在していて、幼稚園なんかにも、3歳児ではもう遅すぎるとかいうように考える人もあったんですね。

これがずっと定着してしまったために、教育論が硬直化してしまう。子どもの教育は、早い時期にしなくてはという考え。どうしてもこれがあって、早期の教育とか、早くやったほうがいい、効率化したほうがいいっていうのが、すごくあったんですね。

国会でも議員さんたちが2年に1回は議論しているんですね。「三つ子の魂百までというのに、日本の教育は遅いじゃないか」、「幼稚園で遊ばせてばっかりじゃないか」とかいうようなこととか、「小学校でももう遅いんじゃないか」っていうようなことを言う。それに対して、私は、以前に日本の教育に関わるある人から、「こういうのを教育にしている、っていうことを払拭しろ」と。それを変える方法として、教育をもっと幅広く捉えるような考え方ができないのかって言われた。

私は文部省に行って、最初の仕事としてやったのがそれです。「三つ子の魂百まで」は、全く嘘だと言っているわけではない。ある種の文化としては認められるけども、もっと幅《はば》

保育・教育原理に埋め込まれた哲学

1：教育における不易と流行
（教育における基本的な考え方）
2：幼児期は将来の人間形成の基礎
（三つ子の魂、百までの考え方の払拭）
3：自律と自立の相違
（心の自律と生活の自立、点検追求、容認支援）
4：教師と子どもの人間関係
（心と心の快適な距離、縦軸と横軸、集団風土）
5：自由と放任　受容と切断
（やんちゃとわがまま）

広《ひろ》に捉えるほうがいいだろうという考え方で、みんなで相談したんです。

文部省から出しているどの指導書にも、この言葉は入っていません。幼児期は将来の人間形成の基礎を築く、非常に大切な時期だよっていうのを、幅広に見据えて、様々な角度から子どもを見るようにという文章にしたっていうわけで、今は三つ子の魂百までっていう考え方は、どこにも載っていません。もちろん、その文化は消えているわけではないので、いろんな本に載っている可能性はありますけれども、文部省としては、そういう教育論ではなくて、幼児期をもっと幅広く捉えながら、非常に重要な時期だよということを示しました。幼、小、中、高の指導書には、必ずこれを書いています。

最後に、「率直」と「権威」のことを話して、締めたいと思います。

僕たちはなんとなく、研修医的な生き方をふっとしてしまうんですね。お医者様とかいろんな所に行くと、教師もそう感じるけど、「なんとかして」って言ったら、「分かった、分かった。俺に任せとけ」「大丈夫だ」と言われる。

そのことはとっても信頼がおけるようだけども、果たしてそうだろうか。私たちは、こういった「権威」ではなく、「率直」に生きていくことが大事じゃないか。任せてくれじゃなくて、「分からないね。難しいね。一緒に考えてみよう」っていうことですよね。

だから、発達障害の子どもの親御さんに言ってはならない言葉っていうのは「大丈夫」。発達障害っていうのは、非常に生き方の難しいもの。その育て方を難しく感じておられる親御さんたちと教師が接すると、「大丈夫です。みんなでなんとかしますよ」「みんなでやってみましょう」っていうふうな言い方になると思うんですけど、それは一番良くない。大丈夫ですよっていうのは、ない。私たちは素直に「一緒に考えてみましょう」としたい。

とにかく一緒に、子どもたちの育つ姿の中に、寄り添いながら「一緒に考えてみることにしませんか？　私も一生懸命に考えてみますよ」。「お母様やお父様にも考えていただいて、一緒に考えるという時間をつくりながら頑張りましょう」っていうふうに言ったらどうでしょうか。

雑駁《ざっぱく》な話で、教員の免許更新につながるかどうかっていうのは分かりませんけども、免許更新に関しては、文部省（今は文部科学省）にいる頃からずっと思っているんですけど、学校教育がもっと子どもの側から掘り起こせるような形になってほしいな、というふうに思って過ごしてきたんですけどね。なかなか難しいなというふうに思います。

サザンカ（撮影　優子さん）

学校教育の課題と現状

子ども学と保育学の狭間を考える――解説②

◆中橋美穂

幼児期にふさわしい教育の実現

講義の中で視聴したDVD映像で展開された保育実践について、小田先生は、一人一人の子どもの居場所が園の中につくられ、「あなたがあなたであっていい」ということが許されていると述べられました。そのような保育を実践するために保育者は、あるがままを受け入れ、子どもが心を開くまで待つことで信頼関係を築きつつ、「子ども一人一人と向き合えるものは何か」という視点から、活動内容や保育者の関わりを考える必要性があると講義の中で説いておられます。

ここでは、小田先生がお考えになられる「幼児期にふさわしい教育」について、小田先生のご著書をもとに概括したいと思います。

小田先生のお考えになる幼児期にふさわしい教育とは、知識や技能を一律に与えることではなく、一人一人のもっているその子らしさを生かしながら、意欲や心情、それを支える態度などを育てる教育です。そのためには、幼稚園・保育所等という子どもの生活する場が、知識・技能を中心とした「与える」場ではなく、子ども一人一人の主体的な活動によって「生み出される」場であること、そして、一人一人のよさや可能性を捉える保育者の目と、保育者の指導・援助が「育てること」への働き掛けから「育つこと」への働き掛けに転換すること、つまり、保育者の新しい役割と保育におけるパラダイム（物の見方や考え方）の転換の必要性が求められているのだと述べておられます[1)]。

中でも、一人一人の子どもと向き合う際に保育者が身につけておく重要な教育的機能を「カウンセリング・マインド」とし、そして、それを生かした保育の過程には、「受容と優しさ」と「切断という厳しさ」の二つの教育の原理を保育者がもつことではないかと問われています[2)]。

ある幼稚園を訪れた時のことです。保育室では、子どもたちが元気にそれぞれの思いを持って楽しそうに遊んでいました。そんな中で、ポツンと離れたところで無心に絵を描いている女の子に近づいて見ると、その子どもの絵には、お日さまが三つ描かれているのです。そこに、教師がやってきて、その絵を見て、「どこにお日さまが三つもあるの？　うそを描いたらダメでしょう」と優しくたしなめられたのです。おそらく、その先生は、女の子がふざけて描いていると思われたのでしょう。

先生が立ち去られた後、なんとなくその場を離れ難くなり、少し困った様子の女の子に「たくさん、お日さま描けたね」と話しかけてみました。すると、その子は「お部屋が寒いの……」と応えたのです。その日は、とても肌寒く、保育室にいても寒さが伝わってくる思いがしました。その女の子は、保育室がとても寒く感じたので、お日さまが三つくらいあったら、もっとポカポカ暖かくなるだろうなと「気づき」描いたのではと思い、「暖かそうだね」と言うと、「ニコッ」と笑ってくれました[3]。

小田先生はこの事例で、「子どもたちが育つことに対して何をしたら良いのか」「働き掛けとしてどのようなことをしたら良いのか」と問われます。「お日さまがたくさんあることが部屋を暖かくするのではと『気づく』心と、太陽は一つしかないのだと『分かる』心との距離を急ぎ詰めなければならないことが、子どもたちへの『指導』ということなのでしょうか」と、問われるのです。そして、もう一度、この事例の流れから考えてみようと言われます。

まず、聞こえてくるものを「聞く」でも、詰問するような「訊く」でもなく、子どものツブヤキを捉えるために積極的に子どもに向かって心を傾けて「聴く」という「聴き方」が必要だと言われます。そして二つ目に、お日さまは一つという正しさを伝えることだけではなく、子どものあるがままを「受け入れる」こと、つまり異なった価値を「受け入れる」ことも指導上の大切な中身であると言われます。三つ目に、子どもとの「つながりをつくる」ことの大切さがあると言われます。優しく「うそを描いたらだめでしょう」と言葉を掛けたとしても、そこに子どもとの「共感」が生まれない限り、子どもとの「つながり」はできないと言われます。

共感とは、「子どもたちを理解しようとする時、客観的でも、道徳的でも、解釈的でも、否定的でもなく、とにかく子どもを『肯定的』に先ず見てみようということ[4]」なのだと言われます。そして四つ目には「心の流れに沿う」こと、つまり子ども自らが主体的に環境に働き掛ける姿に最大の関心を払うことだと言われます。

このようなカウンセリング・マインドをもった保育者の姿勢があると同時に、「単に子どもを環境に放り込み、子どもの育ちに任せればよい」という安易なものではなく、意図的な教育の場としての保育者の「働き掛け」と指導計画が必要であることを説かれています[5]。そして、子どもの心の流れに沿った計画であるためには、「同年齢の子どもたちを一定の到達度に向けて、同一の方法で指導しようとする傾向への批判」と「到達度、経験や活動の順序性を一律に示すことをしない」ことの二点を銘記されています。

さて、これからの時代、私たちの前には、ますます分からないことや難しいことが起こるでしょう。そのときには、小田先生が最後にお話しになった「一緒に考えてみよう」という言葉を思い出し向き合っていきたいと思います。

1）小田豊編著 1994「一人ひとりを育てる―保育の中の人間関係―」ひかりのくに p.6-15
2）小田豊著 2001「子どもの心をつかむ保育者―子どもの願いが生かされる幼児教育を求めて―」ひかりのくに p.165-175
3）前掲 2）p.171
4）前掲 2）p.174
5）前掲 1）p.26-28

第2章

幼児教育へのメッセージ

著　小田 豊
解説　神長美津子

第2章　まえがき

「第2章　幼児教育へのメッセージ」には、月刊誌『保育とカリキュラム』（ひかりのくに）、における指導計画の基本的な考え方として、1998（平成10）年から2007（平成19）年の毎年4月号に掲載してきた論説を集めています。1998（平成10）年は、その年10月に改訂（定）された新幼稚園教育要領と新保育所保育指針の実施に向けて各園においてカリキュラムを見直し始めたときであり、2007（平成19）年は、教育基本法改正、学校教育法改正を受けて幼稚園教育要領と保育所保育指針の改訂（定）のための検討会が行なわれているときです。その間の2005（平成17）年1月には、中央教育審議会答申「子どもを取り巻く環境の変化を踏まえた今後の幼児教育の在り方について」が示されています。

まさに、この10年間は、現在、幼保に関わって進められている施策の「就学前の全ての子どもたちに質の高い幼児教育」の基本的な考え方のベースができてきた時期です。小田先生は、こうした議論の中心にいらして、いつも日本の学校教育体系の中での幼児教育のあるべき姿を話されていました。この意味で、ここに掲載されている全ての論説に、幼児教育のカリキュラムを考える前提として大事にしたいことが、まさに「幼児教育へのメッセージ」として述べられています。なお、小田先生の文章の仮名遣い等は、できるだけ当時の『保育とカリキュラム』に掲載した通りとしています。

神長美津子

1998年度

幼児期の学びと自然体験再考

1．子ども期の伸長と教育

子どもたちがどうも昔と違ってきた、いろいろ気掛かりなことが多くなった、意欲があまり感じられない子が増えているなどが、盛んに聞こえてくるようになってずいぶんたっています。ところが、今や状況は更に進み、そうした子どもたちに生じている問題と重なり合うような問題を大人たちもまた抱え込むようになってきています。現在は、明治時代なら一年間もかかって得た情報を一日足らずで受け取るといわれています。一方で、子ども時代は年々長くなっています。子ども期をどこに置くか、何と規定するかは議論のあるところですが、たとえば、学校時代を子ども期と考えるならば、明治、大正、そして昭和を通して、現代ほど学校時代が長くなっている時代はないのです。専門学校への通学を含め高等教育への進学率は、昨年（1997）度の学校基本調査によると90%を越えるほどになってきています。

常識的に考えると、子どもの時代が長くなっているとしたら、それだけ「ゆとり」ある教育が存在しているはずです。ところが現実は、子どもたちは毎日の勉強に忙しく、人間関係の希薄化、遊ぶ時間の減少が顕著になっています。最もゆっくりできる時間は「トイレにいるとき」などと揶揄されるほどです。長い学校時代は、「受験＝進学＝高学歴」に置き換わり、大人にも子どもにも重圧となっているかのようです。

2．形式的な平等の重視から個性の尊重へ

この背景には、情報の多様化とその進展の早さが影響しているところもあるでしょう。何桁もの数字を瞬時に計算する、集めた情報を全て記憶し忘れない、与えられた指令に従って正確に他の機械を制御する、情報や状況を判断して正確に対応するなど、一見、人間の知的諸能力を上回るような機械がずいぶんたくさんできてきました。

こうした効率的で、正確な処理を目の前にすると、「自分だけがのんびりしていても良いのだろうか？」「自分の子どもだけが、時代に取り残されるのではないだろうか？」と誰もが不安にならざるを得ません。結果として、子どもたちに「少しでも、早く教育を」「少しでも、多くの知識を」と考え、「全員一斉、かつ横並び式」の画一的な知識中心の教育の過熱が走り出したといえます。

こうした状況の中、中教審の答申では、「『ゆとり』の中で子どもたちに『生きる力』を育むこと」を基本に、学校教育の改善を図ることを提言しました。すなわち、教育とは「自分さがしの旅」を扶《たす》ける営みと位置付け、「子どもたちは、教育を通じて社会の中で生きて

いくための基礎基本を身につけるとともに、個性を見いだし、自らにふさわしい生き方を選択していく」と明示しました。つまり、子ども期を真の子ども期にするには、全員一斉、かつ横並び式の画一的な知識中心の考えから脱却し、教育における形式的な平等の重視から一人一人の個性を掛け替えのないものとして尊重し、一人一人の希望に応じた教育を基本的な考え方としていくべきであるとしたのです。

3．一人一人に応じた教育と生きる力

一方、今日のいじめや不登校・自殺など子どもたちを巡る問題は、生き方の根源となるものが欠けていることにあるように思えます。生きる価値の方向が見いだせない「心の空洞化現象」が進行しているとも考えられます。

このような状況の中で、幼稚園教育・保育所保育は生涯学習の基盤を培うという観点に立ち、社会の変化に自ら対応できる心豊かな人間の育成を図ることを目ざして頑張っているのです。

今、幼稚園・保育所は、幼児が他の幼児や教師との生活を通して人間として生きるための基礎となる力を身につけ、自己を形成していく場であると位置付けられています。その目標として、現行の幼稚園教育要領・保育所保育指針に幼稚園・保育所の生活の中で幼児に育てたい心情、意欲、態度は何かを明らかにしています。この教育の目標に含まれる意

図を十分に理解して、幼児が適切な環境の下で幼児期にふさわしい生活を営み、その中で様々な体験を通していくことが、一人一人にふさわしい自己形成への確実な歩みです。

このように考えてくると、現在の幼稚園教育・保育所保育は、今回の中教審の答申を先取りしながら教育を進めてきたともいえます。

しかし、先の過熱した画一的な早期教育からの呪縛からは解けていない現実があるのではないでしょうか。

4. 早期教育の呪縛と幼児期の学び

早期の受験教育の情報が氾濫する中で保護者の戸惑いは大きく、各園の学びに対する教育への理解と取り組みがまちまちであるならば、幼稚園教育・保育所保育の根幹を揺るがすものともなりかねません。特に保護者が、幼児期の学びの教育を文字や数に偏ったものと認識し、幼稚園・保育所への誤解をもつなら混乱はますます深まるでしょう。

かつては、幼稚園・保育所は何をしている所なのか深く考えることなく、「みんなが行くから?」という軽い気持ちで園児が集まっていました。しかし、これからは違います。「幼稚園・保育所には行かせたいけれど、どんな園が良いかじっくり検討してみよう」という対応が主流となるでしょう。その場合、一番の関心事であり、選択の基準となるのは「ここでは、何を育ててくれるのだろうか?」ということです。この「何を」という部分が鋭く問われてくることになります。

それに正対して、「どうぞ安心してお子さんを園にやってください。幼児教育の専門家として、一人一人の幼児のよさを生かし、その子らしさを発揮し「学ぶ楽しさ」にあふれる、幼児の側に立った『学びの教育』をいたします。但し、早期受験教育はやっておりません」と言える力をもつべきでしょう。

「学びの教育」という言葉に、多くの人はあることを想起するようです。別の言葉を使えば、ドリル学習などに代表される早期受験教育です。学びの教育と早期受験教育とはまるで違うものなのですが、二つが混同されて「学ぶ」という言葉に拒否反応が示されているのではないかと思うのです。

5．失われつつある学びの基礎

現行の幼稚園教育要領・保育所保育指針を継続・発展させるために再考しなければならない課題の今一つに「幼児期の学び」と同軸にある「自然体験」があります。

学びの基盤は、人間が人間らしくあることにあります。ところが、現代の子どもの学びの特徴は、残念ながら「知識、暗記、画一、依存、受動、競争」という言葉で表すことができるものです。そこでは、子どもは閉塞させられてしまっています。それは学びの基盤をなすようなものではありません。知識の展示にすぎません。人間らしくあるということは、「人間が自由である」ということが基調なのですから、むしろ、子どもがそこから解放されることが真の学びを成立させるのです。そのためには、学びは「体験、思考、自主、創造、個性、協同」という言葉で組み立てられたものにならなければなりません。

これらの言葉で言い表されるものが、そのまま行なわれうる活動があります。それは自然の中の遊びです。自然の中の遊びは、本質的に自由で自主的な活動です。遊びの成立するとき、人間は人間として自由になっています。また、自然の中での遊びは単に自由で自主的であるだけではありません。子どもは、まず自分の手や身体を使わなければ楽しめません。自然への挑戦という体験の中で、失敗や障害をのり越えるときに思考し、また協同していろいろな手だてを創り出していきます。

そして遊びが深まれば、更に熱中して、一層深く遊びに集中していきます。しかも、喜びと楽しみをもって、子どもはこの過程をたどっていくのです。子どもに、このような自然の中での遊びをもてなくなったことが、子どもに日常生活の閉塞さえ打ち破る力を失わせてしまったのです。

6. 幼児期の学びと自然体験再考

子どもたちは社会や家庭の生産構造からの変化により日常生活から隔離され、その上、情報化、都市化の波に押し流され、自然環境から遠ざけられ「遊び場」を奪われ、遊びの内容の変化を余儀なくされ、人間関係をも忌避するという現実が見えてきました。この現実は、人間的諸能力の獲得から逃避していく状況でもあります。そのことは、どんな意味をもっているのでしょうか。

子どもが人間的諸能力を身につけていないというのは、モノの世界を知ることができていないということです。先にもふれましたが、子どもの思考の特性として、自分の目で見、肌で触れ、手でつかむなど身体全体を使って、すなわち具体的に事物を体験することで初めて対象を理解します。そうした具体的事実を基盤として、原理や法則といった抽象概念をもつこともできるのです。人間的諸能力を獲得するということ、つまり子どもがモノの世界を知るということは、具体的体験をすること無しには不可能なのです。具体的体験ということは、それが子どもの生活の中でなされているということです。子どもは、生活すなわち自分が生きていることに関わっているという実感のないものは、一過性の刺激として切り捨ててしまうからです。その意味で、生活に結び付いた、子ども自身の心と身体を使った人間的諸能力を獲得できる真の体験場所が今必要です。とりわけ、幼児期における自然環境からの働き掛けは、子どもの内なる自然を刺激し、人格の形成に強く影響します。自然の具体的事象に実際に触れ、親しみ、体感した感動的体験が人格の基礎となるのです。動植物、昆虫、鳥、魚などの生態に強い興味や関心を抱くことで、生命の重さを感じ取り、いたわり、思いやりなどの心が芽生え、学びの喜びが体感できるのです。

1998年度

幼児期の学びと自然体験再考――解説

◆神長美津子

形式的な平等の重視からの脱却

1996（平成8）年の中教審答申「21世紀を展望した我が国の教育の在り方について」は、いじめや不登校などの学校教育が抱える諸課題への対応を踏まえ、これからの日本の学校教育の在り方を述べています。冒頭の「教育とは『自分さがしの旅』を扶《たす》ける営みである」として、教育は、個性を見いだし、自らにふさわしい生き方を選択していく営みであるとする言葉は、心に深く残っています。

小田先生は、当時、文部省初等中等教育局視学官でいらしたので、この答申のとりまとめに深く関わっていらっしゃいました。小田先生はよく、不登校になりたくなる子どもの気持ちを話され、硬直化した学校教育の問題を指摘し、その子らしさの発揮を支え、いかにして一人一人のよさや可能性を伸ばす教育を実現するかを、熱く語られていました。「中教審答申が示されたので…」というよりは、小田先生の、一人一人がもつ個性を掛け替えのないものとして尊重する教育論が、答申のとりまとめにつながったと思います。

当時の文部省幼稚園課では、答申と同時に指導資料『一人一人に応じる保育の展開』を刊行しています（1995〈平成7〉年）。正確に言えば、中教審の審議が始まる以前から、指導資料作成の会議を重ねていました。小田先生は、このことを「現在の幼稚園教育・保育所保育は、今回の中教審答申を先取りしながら教育を進めてきた」と述べています。

「幼児期の学び」への問い

一方で、小田先生は、「幼児期の学び」についての危惧も抱いていました。危惧というよりは、警鐘かもしれません。そのことを「早期教育の呪縛と幼児教育の学び」で論じています。当時、研修教材用保育ビデオの作成で一緒に保育を参観させていただく機会がありましたが、小田先生は、子どもが夢中になって遊ぶ姿を捉えて、「子どもは賢い」と、よく話されていました。それは夢中になって遊ぶ中で、その子らしさを発揮し、「学ぶ楽しさ」にあふれている姿です。生きて働く知識や技能を獲得するためのベースには、こうした遊び体験を通した学びが大切なのです。

そのことが、〝(我が園では)「幼児の側に立った『学びの教育』をいたします。但し、早期受験教育はやっておりません」と言える力をもつべきでしょう〟と、幼児教育の本質を発信する力の指摘につながっています。遊び体験の中で学びの基礎が培われていくことを踏まえると、現代社会に生きる子どもたちに、その場をどれだけ保証できるかが問われています。幼児教育関係者が引き続き継承すべき課題です。

1999年度

適当な環境と適切な環境との狭間

1．不定型的な教育と定型的な教育

今回の教育課程審議会の座長を務められた三浦朱門氏（元文化庁長官）が、「小学校教育は定型的な教育として位置付けられるけれども、幼稚園・保育所は不定型的な要素が強い教育なので、大変でしょうね」と言われたことがあります。

雑談中のお話だったので何げなく聴いていたのですが、改めて幼稚園教育・保育所保育の歴史を振り返ってみるとき、そのことが大変造詣の深い指摘であることに気付きます。ご承知の通り、現行の教育要領において幼稚園教育の基本が「環境を通して行う教育である」と示されました。この基本理念のルーツは、学校教育法に規定されている幼稚園教育の目的の項の、「幼児を保育し、適当な環境を与えて、その心身の発達を助長すること」という一文にあるといわれています。

教育的観点から考えれば「適切な環境を与えて」ではないか、教育の場に「適当な」という文言はふさわしくないと考えたくなるところです。ところが、この文言が議論された当時（昭和22年）の文部省学校教育局初等教育課長であった坂元彦太郎氏によると、確かに「適当な」と「適切な」ということで真剣に議論され、最終的に「適当な」という言葉が最も幼児期の発達の特性を踏まえ、幼稚園教育の特質を表しているとして意図的に使用された、という逸話があったと言われているのです。

すなわち、学校教育の体系の中に幼稚園を位置付けるとともに、「適当な」から「適切な」へと教育環境をつなぐことが幼稚園教育と小学校教育への連続性を生かすことになると考えられたのです。〝「適当な環境を与えて」のもつ意味は、幼児期の発達の特性である一人一人の可塑性を受容し、好奇心にあふれた一人一人の心情や意欲・態度を生かすという、不定型な要素を含んだ教育方法こそが幼稚園教育にふさわしいのだ、という強い意志があった〟ということになるのではないでしょうか。

したがって、幼稚園教育・保育所保育の基本である「環境を通して行われる教育」の背景にある「不定型さ」のもつ重みは、幼稚園教育・保育所保育にとって重要なものとなると同時に、定型的教育を主流とする小学校教育への連続性を考える鍵ともなるものだったのです。小学校教育における「生活科」の登場が、幼稚園・保育所と小学校をつなぐものといわれているのは、その教育方法が不定型的な要素と定型的な要素が絡み合った部分が多いのを見てのことではないでしょうか。

2. 幼児期と学童期

ある園長先生が「卒園式で『幼稚園では本当にたくさん遊ばせていただきました。小学校に行ったら、これじゃいけないですから』と言われ、幼稚園だってただ遊ばせているわけではなく、人間が生きる上で必要な知恵や経験が積み重ねられているのにと、悔しい思いをしました」と、保護者に幼稚園教育が誤解されていることへの難しさ・寂しさを語ってくれました。

このエピソードは、幼稚園教育・保育所保育の不定型さの重さこそが、定型的な小学校教育への連続性を支えるものであることが、保護者に伝わっていないことを示していると同時に、二つの間に大きな距離があることへの危惧を感じます。

本来、人間の生活や発達は、周囲の環境と相互に関わり合うことによって行なわれるものであり、そのことを切り離して考えることはできません。特に、幼児期は心身の発達が著しく、環境からの影響を強く受ける時期でもあります。

したがって、この時期にどのような環境の下で生活し、その環境とどのように関わったかが、将来にわたる発達や人間としての生き方に重要な意味をもつことになります。同時に、幼児期は、教師から教えられたことをそのまま学ぶことによって育つ時期ではありません。この時期は、遊びを通して幼児が周囲の環境と主体的に関わることにより、様々なことを自分から積極的に学び取っていく時期です。幼児期のこうした特性を考えると、幼稚園・保育所における教育の在り方は、小学校以上とは教育の方法が異なってくることになります。

しかし、当然のことながら、幼稚園・保育所は意図的な教育を行なうことを目的とする学校です。したがって、幼稚園教育・保育所保育においては、その目的や目標が有効に達成されるように、幼児の発達や生活の実情に即して、各々の時期に必要な教育内容を明らかにして、それらが生活を通して、幼児の中に育てられるように、計画性をもった適切な教育が行なわれなければなりません。

ところが、先のエピソードのように、幼稚園教育・保育所保育の遊びのもつ不定型さにのみ目が行き、その遊びの背景にある一人一人の豊かな主体性や教師の意図性が見えなくて、単に遊ばせているだけであるように見て、小学校教育との距離を広げているようにも感じられます。このことには、従来、往々にして見られたような幼稚園・保育所と小学校のセクト的対立や、受験を念頭に置いた能率主義に陥った立場からの連続性の強調などの、幼児一人一人の現実的な成長と無関係とまでは言わないまでも、幾分、歪曲された見方が支配的であったことが考えられます。今、必要なことは、幼児期から学童期にかけての発達的特性をできるだけ客観的に捉えると同時に、幼児期と学童期を、一人一人の人間としてどう生きることが最も充実した生き方になるのか？　という角度から考える、そういう時期にきています。

したがって、幼稚園・保育所で幾らか教えておいたほうが良いかどうか、というような形で、幼児期の教育効果が小学校での学習活動にどんな形で表れるか、といった直線的な物差しで安易に連続性を考えるべきではないことは言うまでもありません。幼児期を幼児期として充実させることが、学童期を学童期として充実させることになります。一人の幼児の中で、何が連続していくものであり、何が段階的に脱皮していくものであるのか、こうした要素について客観的な目で検討してみることが必要になってきているのです。

〝子どもが未完成な大人であり、子どもの時期は大人への準備期である〟という考え方を否定したのはルソーでした。その提起したものは、近代から今日に至る人間の解放と、一人一人の生き方への自覚を促したものでもあります。その意味するところを考えるならば、幼稚園教育・保育所保育と小学校教育との連続性をつなぐ原点は、一人一人の子どもたちの生きる力として、主体性とそれを支える教師の意図性にあるのではないでしょうか。

3. 学びの基盤と学習の基礎基本

かつては、幼稚園・保育所は何をしている所なのか深く考えることなく、「みんなが行くから……」という軽い気持ちで園児が集まっていました。しかし、これからは違います。「幼稚園・保育所には行かせたいけれど、どんな園が良いかじっくり検討してみよう」という対応が主流となるでしょう。その場合、一番の関心事であり、選択の基準となるのは「ここでは、何を育ててくれるのだろうか？」ということです。

この『何を』という部分が鋭く問われてくることになります。

それに正対して、「どうぞ安心してお子さんを園にやってください。幼児教育の専門家として、一人一人の幼児のよさを生かし、その子らしさを発揮し、『学ぶ楽しさ』にあふれる、幼児の側に立った『学びの基盤』づくりとしての教育をいたします。そのことは、小学校教育へと連続しているのです。但し、早期受験教育はやっておりません」と言える力をもつべきでしょう。

「学びの基盤」という言葉に、多くの人はあることを想起するようです。別の言葉を使えば、ドリル学習などに代表される早期受験教育であり、小学校教育へと直結しているとの錯覚です。

学びの基盤的教育と早期受験教育はまるで違うものなのですが、二つが混同されて「学ぶ」という言葉に誤解が生まれ、学習の基礎基本への偏見を来しているのではないでしょうか。

一人一人の幼児のよさを生かし、幼児期にふさわしい生活を通して、それぞれのもっている「その子らしさ」を切り開き、生きる力を身につけていくのが「学びの基盤」です。

しかし、「学び」という語と早期の受験教育との間にある本質的な違いをつかめなかったために、様々な取り組みが生まれ、保護者を含め、幼稚園・保育所自身も混乱してきたところがあるのではないでしょうか。幼児は遊びを通して周囲の環境や友達と関わり、見たり、触ったり、感じたりすることにより、周囲の世界に好奇心や探求心を抱くようになり、ものの特性や操作の仕方、生活の仕組みや人々の役割などに関心をもち、気付き、自分なりに考えることができるようになるのです。この学びの基盤から小学校教育が目ざしている学びの基礎基本につながっていくのです。

幼児が遊びに夢中になっているとき、その幼児のよさがあふれ出し、輝いている姿があり、その輝きに心から感動し、うなずき、寄り添ってゆく教育を実現することの中に学びが生きていることを、今一度、保護者をも含め幼稚園教育・保育所保育や小学校教育に携わる全ての人が確認する必要があります。

1999年度

適当な環境と適切な環境との狭間――解説

◆神長美津子

「幼稚園教育の基本」を巡る議論の中で

平成10年の改訂の幼稚園教育要領は1998（平成10）年12月告示ですから、論説「適当な環境と適切な環境との狭間」を発表された1999（平成11）年4月は、10年改訂直後の時期でした。このため、小田先生は、これからの幼児教育・保育が目ざすべき方向を熱く語られています。

たとえば、「『不定型さ』のもつ重み」という表現です。当時、小1プロブレムが問題となり、遊びを通しての総合的な指導（保育）の問題や小学校教育との連携の必要性が指摘され、要領改訂に関わる協力者会議の検討課題となっていました。協力者会議では、自発的な学習としての遊びは学習であることとの意義が確認され、幼稚園教育要領第1章総則「1．幼稚園教育の基本」はそのままにすべきという意見が大半を占めていました。しかし一方では、「だから『子どもたちに教えてはいけない』『集めてはいけない』」と、子ども主体の保育をいわゆる「放任保育」として誤解されているので、対応はすべきという意見も出されていました。

これらの意見に対し、小田先生は、「『不定型さ』のもつ重みが、定型的な小学校教育への連続性を支えるものである」と、遊びの中で培われる「学びの基盤」を強調しました。

「『不定型さ』のもつ重み」と小学校教育との連携

小田先生は、「幼児教育と小学校教育」と対比して捉えるのではなく、「『不定型さ』のもつ重み」を踏まえて幼児教育の充実を図る、その上に不定型と定型が入り混じる生活科、そして定型的な教科教育へと続く円滑な移行を支えることが大切と述べています。

特に「幼稚園は遊んでいるだけ?」と受け止めている保護者に対しては、小田先生は、「幼稚園教育・保育所保育の遊びのもつ不定型にのみに目が行き、遊びの背景にある一人一人の豊かな主体性や教師の意図性が見えなくて、単に遊ばせているだけであるように見て、小学校教育との距離を広げているようにも感じられます」と述べ、「今、必要なことは、幼児期から学童期にかけての発達的特性をできるだけ客観的に捉えると同時に、幼児期と学童期を、一人一人の人間としてどう生きることが最も充実した生き方になるのか? という角度から考える、そういう時期にきています」と、人間としての生き方を言及する中で、幼児期から学童期の教育の在り方を論じるべきことを指摘しています。20年前に発表された論説ですが、ここには、現在進められている「幼保小の架け橋プログラム」へのアドバイスがあります。

2000年度

生きる力と学びの基盤

はじめに

入園式にはとても元気だった子どもたちも、いざ幼稚園の生活が始まると何をして遊んだらいいかと手持ち無沙汰になりますが、それも1か月も過ぎてくる頃になると、周りで遊んでいる「先輩」の動きをまねて再び活動を少しずつ広げていきます。

そこでは「砂を掛けたり、掛けられたり、物の取り合いが起きたり」、ささいなことから盛大な「けんか」が始まったりします。それは、「自分の思っていること」を言う、「欲しいものは欲しい、いやならいや」という子どもたちの自己主張が、園という新しい生活の場の中でもようやくできるようになってきているからなのです。主張し合う「わたし」と「わたし」のぶつかり合うことから、いろいろな「きしみ」が生じるのです。しかし、それを体験し、通り抜けることで、子どもは別な「わたし」の存在を知り、自分のやりたいことを、いつまでも勝手に自由にできるのではないことを学びます。

最初から、「勝手なことをしてはいけない、おとなしくしましょう」というようなワクに子どもをはめ込んでいくと、「わたし」という主体性が育つのは難しくなります。

このような事象は、保育所・幼稚園を訪れるとよく見られるしぜんな生活の風景です。保育所・幼稚園は、こうした生活を大切にしながら、一人一人のよさと可能性を生かしながら「生きる力」の基礎を培うところです。ところが、小学校以上の教育と比較して保育所・幼稚園は、遊んでいるばかりで何を教育しているのか分からないとか、一方では、いわゆる早期の受験教育を想起させる教育が存在するなど、幼児期の教育の在り方が様々に取り沙汰されています。

そこで今年度の編集方針では、新しい幼稚園教育要領・保育所保育指針の目ざす方向に沿いながら、昨年度に引き続き幼児期の教育における「生きる力と学びの基盤」について考えてみたいと思います。

1. 不定型的な教育と定型的な教育

ご承知の通り、新しい幼稚園教育要領・保育所保育指針は、前回改訂（平成2年）と同様に幼児教育の基本が「環境を通して行う教育である」ことを引き続き継承し、充実・発展させることであるとしました。この基本理念の起源は、昭和22年公布の学校教育法に規定されている幼稚園教育の目的の項（77条）「幼児を保育し、適当な環境を与えて、その心身の発達を助長すること」いう一文にあるといわれています。

ここでは、その文中の「適当な環境を与えて」に注目してみたいのです。教育的観点から考えれば「適切な環境を与えて」ではないか、教育の場に「適当な」という文言はふさわしくないと考えたくなるところです。

ところが、この文言が議論された当時（昭和22年）の文部省学校教育局初等教育課長であった坂元彦太郎氏によると、確かに「適当な」と「適切な」ということで真剣に議論され、最終的に「適当な」という言葉が最も幼児期の発達の特性を踏まえ、幼稚園教育の特質を表しているとして意図的に使用されたという逸話が残されています。そこでは〝幼児期は、可塑性に富み、発達の段階ということで捉えられるような時期ではなく、行ったり戻ったり試行錯誤する時期で、一人一人をまるごと受け入れることが大切〟と、幼児期を発達段階的に捉えられる時期ではないことが強調されたのです。

幼児は一人一人を一人一人として受容してみなければ分からないという意味では、幼児期の教育は非常に不定型な要素が含まれてきます。その不定型な要素がたくさん集まり、集団が形成されているところが幼稚園であり、その集団を教育していくのが幼稚園教育の特質であると坂元先生は言われたのです。

つまり、一人一人の発達が違い、一つの発達の段階としてまとまった形の発達を示す時期ではなく、一人一人が各々の発達の特徴をもっている幼児が集まり、集団を形成しているのが幼稚園の場ということになります。そのため、教育的には一人一人に適切な環境が用意されなければなりませんが、幼稚園が集団生活を通して教育をする場であるため、幼児全体から見ると「適当な環境」となります。言い換えるならば、柔軟に動ける自由感にあふれる適当な環境があるからこそ、一人一人にとっては適切な環境が存在するということになります。

この「適当な環境を与えて」のもつ意味は、幼児期の発達の特性である一人一人の可塑性を受容し、好奇心にあふれた一人一人の心情や意欲・態度を生かすという不定型な要素を含んだ教育の在り方こそが幼稚園教育にふさわしいのだという強い意志が秘められているのではないでしょうか。なぜなら、幼稚園教育の基本である「環境を通して行われる教育」の背景にある「不定型さ」のもつ重みは、幼稚園教育にとって重要なものとなると同時に、定型的教育を主流とする小学校教育への連続性を考える鍵ともなるものだからです。小学校教育における「生活科」の登場が幼稚園と小学校をつなぐものといわれているのは、その指導方法が不定型的な要素と定型的な要素が絡み合った部分が多いのを見てのことではないでしょうか。つまり、今回の新しい教育要領では「適当な」から「適切な」へと教育環境をつなぐことにおける幼稚園教育と小学校教育への連続性を、学習の基盤から学習の基礎・基本へと生かすことにもなると考えられたのです。

2. 遊びと学習

ある園長先生が「卒園式で『幼稚園では本当にたくさん遊ばせていただきました。小学校に行ったら、これじゃいけないですから』と言われ、幼稚園だってただ遊ばせているわけではなく、人間が生きる上で必要な知恵や経験が積み重ねられているのにと、悔しい思いをしました」と、保護者に幼稚園教育が誤解されていることへの難しさ・寂しさを語ってくれました。

このエピソードは、幼稚園教育の不定型さの重さこそが定型的な小学校教育への基盤を支えるものであることが、保護者に伝わっていないことを示していると同時に、二つの間に大きな距離があることへの危惧を感じます。

本来、人間の生活や発達は、周囲の環境と相互に関わり合うことによって行なわれるものであり、そのことを切り離して考えることはできません。特に、幼児期は心身の発達が著しく、環境からの影響を強く受ける時期でもあります。

したがって、この時期にどのような環境の下で生活し、その環境とどのように関わったかが将来にわたる発達や人間としての生き方に重要な意味をもつことになります。同時に、幼児期は教師から教えられたことをそのまま学ぶことによって育つ時期ではありません。この時期は、遊びを通して幼児が周囲の環境と主体的に関わることにより、様々なことを自分から積極的に学び取っていく時期です。幼児期のこうした特性を考えると、幼稚園における教育の在り方は、小学校以上とは教育の方法が異なってくることになります。

一方、当然のことながら幼稚園は意図的な教育を行なうことを目的とする学校でもあります。

したがって、幼稚園教育においては、その目的や目標が有効に達成されるように、幼児の発達や生活の実情に即して各々の時期に必要な教育内容を明らかにして、それらが生活を通して、幼児の中に育てられるように計画性をもった適切な教育が行なわれなければなりません。

ところが、先のエピソードのように幼稚園教育の遊びのもつ不定型さにのみ目が行き、その遊びの背景にある一人一人の豊かな主体性や教師の意図性を見ずに、単に遊ばせているだけであるように見て、小学校教育との距離を遠く感じている部分も確かにあります。その要因としては、従来、往々にして見られたような幼稚園と小学校のセクト的対立や、受験を念頭に置いた能率主義に陥った立場からの教育の強調などの、幼児一人一人の現実的な成長と無関係とまでは言わないまでも、幾分、歪曲された見方が支配的であったことが考えられます。今、必要なことは、幼児期から学童期にかけての発達的特性をできるだけ客観的に捉えると同時に、幼児期と学童期を、子ども一人一人が人間としてどう生きることが最も充実した生き方になるのかという角度から考えなければならない時期にきています。

それは、幼稚園で幾らか教えておいたほうが良いかどうかというような形で、〝幼児期の教育効果が小学校での学習活動にどんな形で表れるか〟といった直線的な物差しで安易に指導の在り方を考えるべきではないことは言うまでもありません。幼児期を幼児期として充実させることが、学童期を学童期として充実させることになります。一人の幼児の中で、何が連続していくものであり、何が段階的に脱皮していくものであるのか、こうした要素について客観的な目で検討してみることが必要になってきているのです。

〝子どもが未完成な大人であり、子どもの時期は大人への準備期である〟という考え方を否定したのはルソーでした。その提起したものは、近代から今日に至る人間の解放と、一人一人の生き方への自覚を促したものでした。その意味するところを考えるならば、幼稚園教育と小学校教育との教育方法、指導の在り方の相違と連続性をつなぐ原点は、一人一人の子どもたちの生きる力としての主体性と、それを支える教師の意図性にあるのではないでしょうか。

そのため、新しい幼稚園教育要領（平成12年4月1日施行）の総則に、「幼児の主体的な活動が確保されるよう幼児一人一人の行動の理解と予想に基づき、計画的に環境を構成しなければならない。この場合において、教師は、幼児と人やものとのかかわりが重要であることを踏まえ、物的・空間的環境を構成しなければならない。また、教師は、幼児一人一人の活動の場面に応じて、様々な役割を果たし、その活動を豊かにしなければならない」と、幼児一人一人の大切さとともに、計画的な環境の構成を含む教師の役割が、幼稚園教育の基本として強調されていることを、読み取らなければなりません。

2000年度

生きる力と学びの基盤——解説

◆神長美津子

「わたし」と「わたし」のぶつかり合いから生まれる「きしみ」

この論説を読んで、「はじめに」の部分に、小田先生の「個と集団」の考え方がぎゅっと詰め込まれていると思いました。特に、小田先生らしい表現は、集団生活の中で生じる「きしみ」の体験について述べているところにあります。先生は、「きしみ」の体験について、「それを体験し、通り抜けることで、子どもは別な『わたし』の存在を知り、自分のやりたいことを、いつまでも勝手に自由にできるのではないことを学びます」と述べています。

主体性を育てるのであれば、「通り抜ける」ではなく、「のり越える」ではないかと思われる方もいらっしゃるかもしれません。しかし、先生は、あえてここで「通り抜ける」という言葉を選んでいます。この表現の中に、節くれ立ってたくましく成長していく子どもの姿にエールを込めているのではないかと思いました。

そのことを「保育所・幼稚園を訪れるとよく見られるしぜんな生活の風景」とまとめ、子どもが健やかに育つ環境の在り方を提案しています。

「きしみ」の体験を通り抜けて「わたし」という主体性が育つ

初めての集団生活の中で、子どもが他の子どもとの「ぶつかり合い」や「いざこざ」に直面したとき、どのように行動するでしょうか。初めは自分の「やりたい」ことをやり通そうとします。それでもその思いが通らないと、「やりたい！　でもできない！」というジレンマを、地団駄を踏むなどして表現するでしょう。そんなとき、ベテランの保育者はどう対処するでしょうか。おそらく、にこにこしながら「困ったね。どうしよう」と言いつつ、寄り添う姿勢で「その子なりに考える時間」をつくると思います。この「その子なりに考える時間」こそが、別な「わたし」を知り、「わたし」という主体性が育つ時間ではないでしょうか。

そのためには、「適切」ではなく「適当な」な環境により、一人一人にとって自由で柔軟に動けて自由感にあふれることが重要であり、その子らしく表現することが大切なのです。

平成18（２００６）年改正の学校教育法第22条に示す幼稚園教育目的の検討の際にも、「なぜ適切ではなく、適当なのか」の議論はありました。幼稚園は、生活経験も発達の特性も異なる幼児が集まり、集団を形成していく場であるから、教育的には一人一人に適切な環境が用意されねばなりませんが、集団生活を通して育っていくためには、全体から見ると「適当な環境」が必要であることが、再度確認されています。

2001年度

21世紀を目ざした新たな歩みに向けて

―保育の楽しさと難しさの再認識を!!―

はじめに

新しい幼稚園教育要領、保育所保育指針が実施の段階に入って一年が過ぎようとしています。この幼稚園教育要領、保育所保育指針が21世紀の新しい幼児教育実践の核になることを期待したものです。とはいえ、新しい教育要領、保育指針になったことで急激に日々の保育実践が変わるものではないでしょう。むしろ、普遍的で変わらないことによる実践の積み重ねこそが充実した保育展開をもたらすと考えなければならないかもしれません。

しかし、新しい幼稚園教育要領、保育所保育指針には時代の変化に応じた幾つかの保育実践に関わる具体的な提案をしています。ここでは、教育における不易と流行を踏まえながら、新たな歩みに向けて保育の基本方針を考えてみたいと思います。

1．保育の楽しさと難しさ

ある幼稚園を見学させていただいたときのことです。3歳児担当の先生が笑顔いっぱいで〝今日こそは、子どもたちに気付いてほしかったなあ〟という話をなさっていました。3歳児の部屋の前にイチョウの木があり、そのイチョウの木の黄色がどんなふうに変わっていくのかに幼児自身で気付いてほしくて、一番美しいと思える時期に「ブランコを付けました」ということでした。何げなしにブランコに乗って上を見ると黄色が目に入るようにと思って付けたので、できるだけ下じゃなくて、日頃と違って意図的に少し上目にブランコを付けられたようです。つまり、子どもがイチョウの葉が近くに見え、気付くかもしれないという配慮で作られたのです。ところが、見学者の方は、担任の先生の配慮に気付かず、ブランコの取り付けに対して、「3歳児には高すぎるんじゃないか」「もっと低くすべきではないか」と議論になってしまいました。

この議論について、担当の先生は「すみません、ブランコを低く付けても気付かなかったので、今日は高くしたのですが、明日は気付いてほしいと楽しみにしています」と答えられたのです。そして、部屋にはクリスマス・リースを付けておられ、そのリースについても「リースに気付いてほしいなあと思ったけど、今日は誰にも気付かれなかった」と先生が笑いながら話された。その先生の「受け答え」に幼児教育の楽しさと難しさを見せてもらったように感じる思いでした。これが、私自身であったら、きっと〝せっかく作ったのに気付かないなんて、君たちはどこに目を付けているの〟と、言いたくなるような気がしたからです。幼児教育では、まず幼児自身が気付く世界を大事にしながら、徐々に教育的な方向へと考えることを大切にしていることをつくづく思い知らされました。

つまり、保育者は常に見通しをもって意図的にと言いながら見えないカリキュラムを作っていて、そこに子どもたちが偶然に気付いていく世界を大切にしているのです。その偶然性を系統的に導き、教育化するというのが幼児教育の実践の核になっているので、幼稚園教育・保育所保育が他の学校教育と違ってすごく難しいのです。小学校以上の教育は教科書をもっているので、こんな面倒な道筋を追い掛けないのです。幼稚園教育・保育所保育の何が難しいかというと、遊びという偶然性から教育的なカリキュラムへと導くということです。

この教育がもっている「よさ」というのは、そこにあるんですよね。確かに偶然性を大事にしているんだけれども、偶然性を大事にするというのは、何もしないことを言っているわけではなくて、偶然性が必然的に起こるであろう計画的な環境の構成をして、本当に偶然にも子どもたちが気付く世界というところから、保育者がぜひとも経験してほしいことへと持ち上げていってそれを系統化していく。そのために、保育者は本当の意味で遊びの専門家でなければならないわけです。あらゆる遊びへの専門的な見通しをもっていて、そのことを気付いたときにはどのような形から入り込んでいくか、子ども全体に広げるか、一人一人の課題としていくかという発達の道筋と環境の構成の視点をもっていて、なおかつ、遊びとして成立しなかったり、広がったりしないときには、「あぁ残念だったなあ」というのが保育の現実なのです。

「それでは教育ではない」と言う人がいるかもしれません。しかし、そこを大事にする、そこを重要なこととして受け止めることが幼児教育の楽しさであり、難しさなのです。もちろん、一年中このような保育が続いているわけではありません。幼児期にふさわしい生活としての発達に必要な体験は、偶然からだけでは生まれないこともあります。したがって、しっかり幼児の発達を見通して教育計画や指導計画も立てることが求められており、実際にきちんと意図的な計画の下での保育も行なわれていることが大前提であることは言うまでもありません。

2. ゆとりの中の「生きる力」

いずれにしても、保育っていうのは本当に難しいものです。保育のある一場面を見ていても、こっちの側から見ていると「いいなと思う」けど、あっちの側から見ていると「いいとは思わない」ということに多く出会います。その場合、往々にして両方とも正しいということが多いのですが、なぜか、どちらかが正しいに違いないと思いがちになります。保育の難しさは、この両義性という点にあるのではないでしょうか。つまり、教育や保育というのは一つの角度から見ていくと非常に狭くなっていくので、そうなってはいけないということで様々に角度を変えようといつも議論するけれども、いつの間にか一つの角度からのみ追い掛けてきた傾向があるのです。

確かに、私たちは一つの角度ではないと言いながらも一つの角度から「良かれ・伸びてほしい」という思いで教育を考えてきたのかもしれません。やっぱり子どもをどう引き上げていくのか、子どもをどう伸ばしてやるかという、その伸ばしてやるという言い方の中に、様々な角度があるわけですが、最終的には保育士、教師からの一方的に近い角度になっていた可能性があるのです。もちろん、良かれと思うことはどんどんやれといったことが、むしろ、子どもにとっては痛みになってしまったこともあるかもしれません。

それでも、保育士、教師の側は、ある程度そのことを知りつつも、なおかつ、大人が過去に通ってきた道という、やや時代の変化にのらない経験則で進めてきたところがないとは言えません。「良かれと思ってね」と、ある程度の批判の声を聞きつつも、私たち保育士、教師の論理だけでどんどんやってきたのかもしれません。それを20世紀の最後を迎えて、この状況の中で子どもは不登校、いじめ、自殺などという形を突きつけてきました。

この状況を受けた第16期の中央教育審議会では、審議会始まって以来ではないかとも受け取れる画期的な答申をしたのです。中央教育審議会とは、皆さんもよくご存じの通り文部科学大臣の諮問審議会で国の教育の方向性や在り方を検討する会議として昭和27（1952）年から始まり、これまでに30回以上の様々な答申を行なってきています。この中央教育審議会は、どちらかというと学校に良かれという形の中で教育のレベルアップを目ざし、ある意味で教育の効率化を図ってきた傾向がありました。それに対して、今回の中央教育審議会は、20世紀末を迎えたときに、不登校、いじめを始めとした様々に引き起こされる子どもの事件などを見て、20世紀の反省と共に21世紀の教育の在り方について審議が図られたのです。

その引き金は、少年たちが引き起こす事件だったことは否定できませんが、多くの人と幼児期からの心の在り方を含め、広範囲に教育全般への基本的な論議ができたことは、幼稚園教育、保育所保育にとっては幸いでした。

なぜならこれまで幼稚園教育、保育所保育について中央教育審議会で論議されていることは少なく、幼児期の教育の在り方が学校教育として位置付いていなかったことへの警鐘ともなったからです。更に、教育課程の基準改訂においては、幼稚園から小学校、中学校、高等学校、及び盲・聾・養護学校〈註〉を含めた初等中等教育全体が基本命題（ゆとりの中の生きる力）をもち、各学校段階との調和と統一が図られたことは、まさに画期的な改訂だったと考えて良いと思います。

つまり、第16期の中央教育審議会では「我が国の21世紀を展望した教育の在り方」が議論され答申に至ったのですが、先から述べているように従来の答申と違って「発想の転換」と「教育の意味付け」が答申内容に盛られたことでした。まず、発想の転換として「教育における形式的な平等主義からの脱却」ということを打ち出したことです。今まで私たちは、形式的な平等を大事にしてきました。いわゆる、「みんなで渡れば怖くない」方式で、とにかくスクラムを組んで教育をしてきました。そして、少しでも進歩するようにと教育の効率化を図ってきました。ところが、この形式的な平等主義からの脱却を答申したのです。

更に、中教審は「教育とは、自分さがしの旅を扶《たす》ける営みである」と、つまり教育とは、「自己責任を伴った一人一人の在り様、在り方」ですよ、ときちんと意味付けをも答申したのです。このことを簡潔にまとめてみると、従来の「横並び、一斉的な教育」から「一人一人が一人一人であってよい」という180度の転換を図っていこうという画期的な改革への示唆と考えられないでしょうか。まさに、子どもたちが「もっと、私を見てほしい」「一人一人が違っていることを大切にしてほしい」と、長い間、突き付けられてきた課題に正面から受け止めていこうという方向だと考えられるのではないでしょうか。

明治以来ずっと大切にしてきた形式的な平等主義から脱却して、自分は自分であっていいということです。これは、幼稚園教育、保育所保育が最も大事にしている「あなたはあなたであっていいのよ、自分を発揮しなさい」ということに通じています。幼児期はまさに自分が自分であっていいという世界なのです。一人一人が『自分が自分であることの大切さ』というのが実は幼児教育そのものなのです。幼稚園教育、保育所保育が大切にしてきた論理とやっと一致して「教育とは自分さがしですよ」。つまり、自分に合った能力に見合った形で選択することが許される世界ができたということなのです。早く進む子どもがいても良いし、ゆっくり行きたいなという子どももいても良い、ということなのです。

この「発想の転換と教育の意味付け」という二つの事柄から、これからの教育に必要なことは、「ゆとりの中で『生きる力』をどうつけるか」ということであると、中央教育審議会は答申し、そのことが引き続きの教育課程基準改訂に受け継がれ、学校教育の新しい基本的な命題としてひとつの課題に取り組もうということで、幼・小・中・高、盲・聾・養護学校の総則の中に「生きる力」という言葉が入ってきました。

おわりに

これまでも、保育の世界でも幾度となく「生きる力の育成を」と言われてきたのですが、これまでの発想を転換して形式的な平等主義から脱却し、一人一人に応じた「ゆとりの中での生きる力」と位置付け直したのです。

それも初等中等教育全体が調和と統一をとった形で基本命題にするということで、全ての教育要領、指導要領の総則に「ゆとりの中での生きる力」が取り入れられたのです。もちろん、この「生きる力」は、幼稚園教育要領だけではなく、保育所保育指針の改訂にも生かされ、幼児教育全体の課題ともなったのです。具体的には、次の三点が「生きる力」として挙げられています。

「生きる力」の一つ目は、「自ら発見し、自ら課題にぶつかり、自ら考え、自ら解決する力」です。ある意味で、自己責任能力ということにもなります。これを幼児期にそのまま当てはめることは当然できません。そこで、幼稚園、保育所では、知的好奇心とか探求心、興味・関心・意欲という段階を大切にし、生きる力の基盤を磨こう、ということになるでしょう。そこで、幼稚園、保育所においては、生きる力の第一を知的好奇心の高揚と位置付け、様々な遊びを通し、子どもたちの心と頭に揺さぶりを掛けることが求められているのです。

二つ目は「自らを律しつつ、他者を思いやる心の育成」が挙げられています。幼児期では「自らを律しつつ他者を好きになる力を身につける」に置き換え、友達を『好き』になるということを生きる力と考えてみることではないでしょうか。つまり、ここにいるのが好き、この先生が好き、友達が好き、この園が好きっていう、この温かい風土、雰囲気を園全体でつくりましょうということです。ここにいるのがとっても好き、ここにいるとほっとするという、好きという、癒しを大切にすることで、自らを律しつつ、一人で遊ぶこともできるし、みんなとでも遊べるという、このことを身につけることが、生きる力になるであろうと考えられているのです。

具体的に言えば、一人でも遊ぶことができるし、みんなとでも遊ぶことができるとは、今みんなと一緒に行動すべきときには、自ら選んでそこに参加すればいいし、同時に「今はいやだ」と自分の遊びを大切にする力をもたなければならないのです。つまり、選択する力をもてることが大切なのです。

そして三つ目は、今一度原点に返って「健康な体ってなんだろう」と考えなければならないときではないでしょうか。自然が失われ、環境の破壊が進む中にあって、物の豊かさが、心の健康だけでなく、身体へも悪影響を及ぼしています。子どもたちの遊び環境を再考し、心身共に健康な子どもをつくることが必要です。

そのことが「生きる力」へとつながっていることを、再認識するよう求められているのです。

以上のように、新しい幼稚園教育要領、保育所保育指針は「生きる力」を中心に保育を展開することを求めてきています。私たちは、保育の基本をそこに位置付け、日々充実した保育実践が生み出されるよう頑張りたいものです。

〈註〉盲・聾・養護学校は、現在の特別支援学校

2001年度 21世紀を目ざした新たな歩みに向けて──解説

◆神長美津子

保育の楽しさと難しさ

この論説を読んでいて、「イチョウの黄色い葉っぱがどんなふうに変わっていくかを気付いてほしい」と願う保育者に焦点を当てているところに、小田先生らしい切り口で「新たな歩みに向かう保育」を語っていらっしゃると思いました。

小田先生は保育を参観されるとき、子どもをよく見ていらっしゃいますが、同時に保育者がどんな思いで保育に臨んでいるかにも関心をもっていました。おそらく、私がこの場にいたら、その保育者が自分の願いを話す前に、「3歳児が気付くかしら」と言ってしまいそうです。つまり、「太陽の光を浴びるイチョウの葉に気付いてほしいという思いは分かるけど……」と、子どもの実態に沿うことを指摘するでしょう。安全の確保からブランコの高さを指摘した参観者も、私と同じように考えていたと思います。いずれも保育を考える上で必要なことですが、保育をどうするかを考えているうちに、保育者自身が体験から感じたワクワクした感覚を忘れてしまうかもしれません。

「新たな歩みに向かう保育」の提案

子どもは、必ずしも保育者の願いや思い通りに活動するわけではありませんが、保育者自身が願いや思いをもって、子どもの活動を予想してワクワクしながら保育に臨むことは大切です。同時に、保育を多面的に捉え、それらをどう環境の構成に託していくかを考える必要もあります。この論説の副タイトルの「保育の楽しさと難しさの再認識を」は、そのことを指摘しています。

２００１年は、平成10年改訂幼稚園教育要領が実施されて丸一年以上がたっています。改訂幼稚園教育要領第1章総則「1．幼稚園教育の基本」に「その際、幼児の主体的な活動が確保されるよう幼児一人一人の行動の理解と予想に基づき、計画的に環境を構成しなければならない」と、「計画的な環境の構成」が、新たに付記されました。保育者の意図とカリキュラムの在り方が盛んに議論されていました。

小田先生は、カリキュラムは大事だが、保育を硬直化させてしまうカリキュラム論は避けたいとよくおっしゃっていました。そのことについて、「子どもが気付く世界を大事にする」として、「保育者は常に見通しをもって意図的にと言いながら、見えないカリキュラムを作っていて、そこに子どもたちが偶然に気付いていく世界を大切にしているのです。その偶然性を系統的に導き、教育化するというのが幼児教育の実践の核になっているのです」と、保育のもつ偶然性について述べています。小田先生がこの論説に託した「新たな歩みに向かう保育」の意味を改めて考えさせられました。

2002年度

幼児期にふさわしい保育の在り方とは

―新たな歩みに向けて―

はじめに

新しい幼稚園教育要領・保育所保育指針は21世紀の新しい幼児教育実践の核になることを期待したものです。その中で、時代の変化に応じた幾つかの保育実践に関わる具体的な提案をしています。しかし、急激に日々の保育実践が変わるものではないでしょう。むしろ普遍的で変わらないことによる実践の積み重ねこそが、充実した保育展開をもたらすと考えなければならないのかもしれません。

そこで、保育の基本方針として教育における不易と流行を踏まえながら、新たな歩みに向かう保育の在り方を提案したいと思います。

1．保育の難しさと楽しさ

ある幼稚園を見学させていただいたときのこと。「今日こそは、子どもに気付いてほしかったなあ」と、担任の保育者が笑みを浮かべて話されました。

3歳児の保育室の前にイチョウの木があり、その黄色の葉っぱがどんなふうに変わっていくのかを子どもに気付いてほしくて、いちばん美しいと思える時期にブランコを設置したというのです。ブランコに乗って上を見ると、黄色の葉っぱが目に入るようにと考え、保育者は意図的にブランコの高さを上げていました。子どもがイチョウの葉が近くに見え、きれいな色に気付くかもしれないという配慮で用意されていたのです。ところが、同行の保育者たちは、担任の配慮に気付かず、「3歳児には高すぎるのではないか、もっと低くすべきである」と議論になってしまいました。

この議論について担任は、「すみません。日頃、ブランコを低く付けてもイチョウの黄色い葉っぱに気付かなかったので、今日は高くしたのですが……。明日は気付いてほしいと、楽しみにしています」と、答えられました。その保育者の受け答えに、幼児教育の楽しさと難しさを見せてもらったような思いでした。一般的には、このような場合「せっかく用意したのに気付かないなんて、どこに目を付けているの」と、幼児に言いたくなるのではと思います。ところが、幼児教育では、まず子どもが気付く世界を大事にしながら、徐々に教育的な方向へと導くことを大切にしているのだと、改めて思い知らされました。

保育者は常に見通しをもち意図的にと言いながら、見えないカリキュラムを心のポケットに持って、幼児が偶然にもそこに気付いていく世界を大切にしています。その偶然性を系統的に導き、教育化することが幼児教育の実践の核になっているのです。この点で、幼児教育が他の学校教育と違って非常に難しいといえます。小学校以上の教育は教科書があるので、こんな面倒な道筋を追い掛けないでしょう。

遊びという偶然性の大きい出来事から教育的なカリキュラムへと導く。この幼児教育の「よさ」は、見えにくいし、難しいところです。偶然性を大事にすることは、何もしないことではありません。子どもの行動を予測し、偶然が必然的に起こるだろう長期・短期にわたる計画的な環境の構成をし、保育者がぜひ経験してほしいと思うことへの導きと偶然の出来事を大切にし、それを系統化していきます。

そのとき、保育者は遊びの専門家でなければなりません。あらゆる遊びの専門的な見通しをもち、子どもの遊ぶ姿からどこを窓口にして、どのように切り込んで遊びを子ども全体に広げるか、子ども一人一人の課題としていくかなど、一つ一つの遊びの発達の道筋と環境の構成の視点をもたなければなりません。しかし、どんなに保育者が見通しをもっていても、子どもの興味や関心によっては遊びとして成立しなかったり広がらなかったりするときがあります。これも保育の現実です。

それは教育ではない、という人がいるかもしれません。子どもの興味や関心を大事にし、重要なことととして受け止める。もちろん、それだけが幼児教育の全てではありません。発達に必要な体験は、偶然からだけでは生まれないこともあります。

そこで、教育要領・保育指針の中で、しっかり幼児の発達を見通した年間の教育課程や指導計画を立てることが求められていることを明記しています。実際に多くの幼児教育の実践の場では、意図的な計画の下で、充実した保育が展開されてもいます。

2．生きる力と21世紀の教育の在り方

第16期の中央教育審議会は、不登校の状況や子どもが引き起こす様々な事件を見て、20世紀の反省と共に21世紀の教育の在り方について審議が図られました。その引き金となったのは、神戸の少年事件だったことは否定できません。審議の中では、今後の地方教育行政の在り方、幼児期からの心の在り方を含めた教育全般に対する基本的な論議がなされました。このことは、幼児教育にとっては幸いでした。

これまで、中央教育審議会で幼児教育について論議されることは少なく、幼児期の教育の在り方が学校教育として明確に位置付けられていませんでした。第16期の審議は、このことへの警鐘ともなったのです。その結果、教育課程の基準改訂においては、幼稚園から小学校、中学校、高等学校、及び盲・聾、養護学校〈註〉を含めた初等中等教育全体が基本命題（『ゆとりの中の生きる力』）をもち、各学校段階との調和と統一が図られました。これは、まさに画期的な改訂だったと考えてよいでしょう。第16期の中央教育審議会で、「我が国の21世紀を展望した教育の在り方」が議論され、答申に至りました。従来の答申と違い、「発想の転換」と「教育の意味付け」が、答申内容に具体的に盛られたのです。

第16期中央教育審議会の答申は、発想の転換として「教育における形式的な平等主義からの脱却」を打ち出しました。今まで私たちは、教育を遂行するにあたって、形式的にも平等を大事にしてきました。「みんなで渡れば怖くない」方式で、とにかくスクラムを組んで教育をしてきたのです。そして、少しでも進歩するようにと、教育の効率化も図ってきました。日本は教育立国なのだから、その教育を良くするために、形式的な平等主義でみんなを押し上げていくのだと言い続けてきました。

今回の答申では「教育とは、自分さがしの旅を扶《たす》ける営みである」とし、更に「教育とは、自己責任を伴った一人一人の在り様、在り方ですよ」と、教育の方向転換を意味付け、提起したのです。従来の「横並びで、画一的な一斉教育」から、「一人一人が一人一人であってよい」という、180度の転換を図る画期的な改革へのシフト（移行・示唆）と考えられます。まさに、子どもたちが「もっと、私を見てほしい」、「一人一人が違っていることを大切にしてほしい」と、長い間訴えてきた課題を正面から受け止めていこうとしていると考えられます。

明治以来、ずっと大切にしてきた形式的な平等主義から脱却し、自分は自分であっていいということです。これは、幼児教育が最も大事にしている「あなたはあなたであっていいのよ、自分を発揮しなさい」に通じます。幼児教育は、そこから「自分に気付き、自己中心性から他者性への思いやりへと」導くことを日々実践しています。

この幼児教育が長年大切にしてきた論理が、他の学校種とも一致してきました。そして、中央教育審議会は「ゆとりの中での『生きる力』をどうつけるか」が、これからの教育に必要であると答申しました。それが引き続き教育課程基準改訂にも受け継がれ、学校教育の基本的な命題として幼・小・中・高、盲・聾・養護学校を含め、幼稚園教育要領、保育所保育指針、学習指導要領の総則の中に「ゆとりの中での生きる力」という言葉が入ったのです。

3. 知の総合化

今回の教育課程の基準は保育所・幼稚園から高等学校、更に盲・聾・養護学校までを一つにして学校教育の基本命題を立てました。それは、「生きる力」を育成することです。これまでも、幾度となく「生きる力」を育成と述べてきましたが、これまでとは違い、形式的な平等主義から脱却して、一人一人に応じた形での「生きる力」としました。それも、初等中等教育全体が調和と統一をとった形で基本命題にすることで、全ての教育要領・保育指針、指導要領の総則に「生きる力」が入りました。21世紀を生きるためには、本当の意味で「生きる力」を身につけさせたい。

それを、幼・小・中・高、盲・聾・養護学校と連動して、常に「生きる力」を命題にしようということになったのです。その「生きる力」とは何か、次の三点が挙げられています。

一つ目は、「自ら考え、自ら課題にぶつかり、自ら解決する力」です。ある意味で、自己教育力ということにもなります。当然、これを幼児期にそのまま当てはめることはできません。保育所・幼稚園では、知的好奇心や探求心、興味・関心・意欲を一人一人の段階に合わせて、生きる力に結び付けます。生きる力の第一を知的好奇心の高揚として、遊びを通してしっかり子どもたちの心と頭に揺さぶりを掛けようということです。

二つ目は「自らを律しつつ、他者を思いやる心」です。幼児期では「自らを律しつつ他者を好きになる力を身につける」に置き換え、友達を「好き」になることを生きる力と考えたいのです。ここにいるのが好き、この先生が好き、友達が好き、この園が好きという思いを通して、温かい風土や雰囲気をつくります。この好きという思いが、癒しとなって自らを律しつつ、一人で遊ぶこともできるし、みんなと一緒にも遊べることを身につける。これが、生きる力になるだろうと考えているのです。

一人でしか遊べない、みんなと一緒でなければ遊べないでは困ります。ある活動をみんなと一緒にやらなければならないときには、自ら選んでそこに参加すればいい、参加したくなければ、今はいやだということを言える力ももたなければなりません。本当はみんなと一緒ではなく、今の遊びの続きをやりたい。でも、よく考えてみれば、みんなと一緒にやったほうがいいな、そのほうがいい気持ちになれるかもしれないと考えて選ぶ。このような過程で考えることが、生きる力となります。つまり、選択する力をもてることが大切なのです。

そして三つ目は、もう一度『健康な体ってなんだろう』と考えることです。自然が失われ、環境の破壊が進む中で、心身共に健康な子どもに育てることが生きる力となるでしょう。そこで、物の豊かさが、心の健康だけでなく、身体へも悪影響を及ぼしていないかと、子どもたちの遊び環境を再考します。

以上のように、教育課程の基準では生きる力を中心に「知の総合化」を提唱しています。その保育所・幼稚園から高等学校まで、知的なことに対する総合化を図っていきたい。「知」とは、「生きる力をもつこと」と位置付けるもので、常に、根底に知的な教育をし、自ら考え解決する力、自らを律しつつ他者を好きになる力を育てようとするものです。私たちはいつの間にか、文字や数量にのみ知的なものを見いだそうとしていました。それは基礎基本における問題であって、まず、それを支える基盤をもたなければならないのです。

今一度、保育の中で生かされている知の総合化とは何かについて考えながら、カリキュラムを見直してみたいものです。

〈註〉盲・聾・養護学校は、現在の特別支援学校

2002年度

幼児期にふさわしい保育の在り方とは――解説

◆神長美津子

再び「遊びの専門家」を問う

2001年の論説を読んだ方は、この論説を読んで「おやっ」と思われたのではないでしょうか。そうです。「保育の難しさと楽しさ」での事例が、前年度と重なっています。「はじめ」にも述べましたが、ここに紹介する論説は、月刊誌『保育とカリキュラム』特別附録に収録されたものです。小田先生は、毎年5月頃に月刊誌『保育とカリキュラム』のカリキュラム作成を担当する実践の方々に向けて、カリキュラム作成の基本方針を話され、それらを特別附録に収録しています。小田先生は、これからの学校教育を見据えた上で幼児教育・保育の在り方を話されるので、広い視野から「遊びを中心とする幼児教育の在り方」を学ぶことができ、示唆に富んだお話でした。

小田先生が、二年間にわたって「保育の難しさと楽しさ」を話した理由は、遊びという偶然性の大きい出来事から教育的なカリキュラムへと導く過程の難しさから、保育者はあまり働き掛けないほうが良いと安易に考えてしまうことへの警鐘です。つまり、「子どもの行動を予測し、偶然が必然的に起こるだろう長期・短期にわたる計画的な環境の構成をしたり、保育者が是非経験してほしいと思うことへの導きと偶然の出来事を大切にしたりし、それを系統化していきます」と、「遊びの専門家」として保育者がデザインするカリキュラムに期待しています。

知の総合化

知の総合化では、「生きる力」について、的確に分かりやすく解説しています。令和の日本型学校教育では、幼児教育から高等学校教育までを一貫して「学校教育で育成する資質・能力の3つの柱」に沿ってカリキュラムを作成し、実践していくことが求められていますが、二十数年前、既に小田先生は、一貫した学校教育を語っています。

特に「ある活動をみんなと一緒にやらなければならないときには、自ら選んでそこに参加すればいい、参加したくなければ、今はいやだということを言える力ももたなければなりません。本当はみんなと一緒ではなく、今の遊びの続きをやりたい。でも、よく考えてみれば、みんなと一緒にやったほうがいいな、そのほうがいい気持ちになれるかもしれないと考えて選ぶ。このような過程で考えることが生きる力となります。つまり、選択する力をもてることが大切なのです」は、印象深い一節です。主体性を育てるためには、自らの意思を表現することも必要ですが、いろいろに考えを巡らして「選択する力」をもつことが重要です。幼児が没頭する遊びの中で、いろいろに考えを巡らして選択して活動する姿こそ、生きる力の基礎となる学びの基盤なのです。

2003年度

カリキュラムの中に、人間関係づくりの視点を

はじめに

教育とは何かという問題は、子どもたちを保護育成して「いかなる人間にするのか」という理想的人間像の問題と切り離して考えることはできません。しかし、子どもたちは、理想社会や理想的人間像を胸に抱いて幼稚園・保育所にやって来るのではありません。子どもたちは、自分の心の中にある願いを満たしてくれる場所であることを期待して、雨の日も風の日も登園して来ます。子どもにとっての教育の目的は、自分の願いを満たすこと、すなわち「遊びの喜び・遊びの楽しさ・友達のいる楽しさ」が自分たちの手で体験できることなのです。

保育実践は、この「遊びの喜び・楽しさ、友達のいる楽しさ」を付与することを目的としなければなりません。保育者の側からすると、子どもがもっている遊びへの願いにこたえるということになります。子どもたちの遊びへの意欲を育て、遊びに向かわせ、友達と遊びを楽しむ子どもを育てることが指導の原点ということになります。今年度の基本方針としては、この指導の原点に関わって、カリキュラムの中の保育者と子どもの人間関係に

着目した指導の在り方について考えてみたいと思います。

１．子ども中心主義の保育とは

イギリスの教育社会学者であるＲ・キングは、「幼児・児童を教える教師の担当する教室の現実は、大部分が教師によって創られている」と述べました。〈註①〉Ｗ・Ｉ・トマス（１９２８）の定理である「もし、人が状況を現実であると定義するならば、結局のところその状況が現実になる」ことを分析の基礎とし、３年間にわたる幼児学校の教育実践の観察の結果、『幼児教育の理想と現実』の中で、子ども中心主義の教育の現実に対してひとつの警鐘を鳴らしています。

それは、保育者が子どもを捉える様々な考えを現実のものとして定義することにより、「自己の捉える子ども中心主義の教育」を現実のものと受け止めてしまっていることへの警鐘なのです。保育者の捉えた現実が本当のものであると考えると、そのことを現実のものとして確認してしまうような保育を追求しがちになります。

極端な言い方をするならば、保育者の描いたシナリオ通りに保育実践がなされ、子どもたちはあたかも役者のごとく、保育者という演出家により、キャラクターを決められて遊びを遂行していきます。保育室の内外にある多くの物品は、子どものキャラクターを形成・助成するための小道具となり、子どもたちは保育者の敷いたレールの上を脱線することなく走っていきがちになるのです。そのことへの警鐘です。

キング自身は、子ども中心主義のイデオロギーを構成する要素として、子どものレディネス（経験の蓄積）を重視する「発達主義」、個人差を配慮する「個人主義」、遊ぶことによって学ぶ「学習としての遊び」、そして「無邪気」を幼児・児童の特性として挙げています。

この4つの要素を踏まえた実践は、私たちが求めてきた子ども中心主義保育なのではないでしょうか。なぜなら、これらの要素はいずれも子どもを中心に置いた考え方だからです。

しかし現実は、保育者が子どもたちを、まだまだ未分化であると定義して発達主義を重視し、個人の特性への配慮を見過ごし、子ども中心の教育と言いながらも、子どもの行動を統制していることが多いのではないでしょうか。たとえば、保育者は日常の保育活動において、子どもたちの幾人かはその日の保育内容の知識があるものと前提した上で、遊びの場面を設定し、環境を整えます。このことによって、遊びへの評価も基準も保育者自身が握っていることに気付かず、結果として子どもたちの遊びへの喜び・楽しさを保育者自身の考えで類型化してはいないでしょうか。

すると、一日の反省をするとき、今日は子どもたちにとって保育内容が難し過ぎたとか、まだ早すぎたなどと考えてしまいがちです。子どもたちの遊びとしての保育内容を類型化し、評価することは決して悪いことではありません。遊びとしての保育内容を類型化することは、遊びを深化拡大するための反省資料として、また子ども一人一人の理解や子どもたちの仲間関係を深めることへの必須条件だと考えられます。

しかし、類型化された考えは、「遊びの主体が子どもの側にあり、保育の目的が子どもの願いに応えるものであった」ときにのみ生かされます。そのため、保育者は起こりうる状況よりも、子どもとの関係において実際に起こった状況を重視し、様々な角度から保育に臨む必要があります。

2. 保育室における保育者とは

３学期に入ると、幼稚園の年長クラスの子どもたちは、しばしば保育室において「学校ごっこ」を始めます。小学校への準備と期待なのかもしれません。その「ごっこ遊び」をよくよく眺めると、そこに登場する先生は、なぜかいつも口調が命令的でいばっていることが多いことに気付きます。もちろん、保育室における保育者の姿をそっくりまねているのだとは思いません。家庭などの日常的な情報が大きく影響していると考えられます。しかし、その姿には少なくとも、子どもたちが捉えている保育者像の一端を表現していると考えられないでしょうか。

保育者は、日々、子どもたちに様々な形で関わっています。その時々で、どのような関わり方が良い指導といえるのかを考えます。ところで、より良い指導とか、優れた実践というとき、いったい何をもってそのようにいうのでしょうか。

ある固有の目的を目ざして、クラスの子ども全体の行動変容を計画的、組織的に進めようとすると、そこでは保育者のリーダーシップを強化せざるを得ません。そこに、いわゆる保育者中心の保育活動が生まれることになります。反対の極にある子ども中心の考え方に立つならば、保育者のリーダーシップは後退し、子ども一人一人の個性に応じた遊びを、その子どもに合った方法で援助することが中心的活動となるでしょう。

幼稚園・保育所は、言うまでもなく意図的な保育の場です。すなわち、幼児に対して、彼らの発達に必要と思われる望ましい経験や知恵を積極的に付与する場と考えて良いと思います。だとするならば、先の二つの指導形態はいずれも妥当な保育活動と考えなければなりません。ここで問題となるのは、誰を中心とする保育かではなく、保育者のリーダーシップの在り方ということにならないでしょうか。保育室における保育者の行動が、クラスの子どもたちにどのような教育的活動を引き起こすかということです。

保育者のリーダーシップの在り方に関して、興味ある研究があります。H・H・アンダーソン（1939）は、幼稚園から高校までの教師と子どもたちの行動を観察・記録し、教師のリーダーシップについて一連の研究をしました。この研究の中でアンダーソンは、教師のリーダーシップの中には二つの性格が内蔵していることを見いだしています。〈註②〉

一つは、保育者が実践の場において子どもに接触する際、命令や指示を頻繁に使い、叱責や辱め、警告や脅しや処罰によって子どもを一方的に統制する「支配型」の性格です。もう一つは、子どもたちの自主性を尊重し、子どもの自発的な行動を認め、子どもの主体性を支持し、協同活動や集団思考を促進させようとする「統合型」の性格です。この両方の性格が、一人の保育者の中に連続体としてあると言います。

この二つの性格は、個々の子どもによって表出のされ方に相違があることも見いだしています。観察した保育者はクラスの子ども24人に対して、支配型接触の多い子ども・少ない子どもと、統合型接触の多い子ども・少ない子どもとに分かれ、その差が顕著であると言います。

また、保育者が表出する「支配～統合比」においては、支配型の接触数値の高い保育者と、統合型の接触数値の高い保育者に分かれたと述べています。更に、支配型比の高い保育者に接触した子どもの行動は、支配的行動の強いものとなり、統合比の高い保育者に接触した子どもは統合的行動、つまり主体的・協力的な行動が多く見られることも明らかにしています。このアンダーソンの研究結果は、保育における保育者の取るべきリーダーシップは、統合型の保育行動であることを意味していると言っています。

3. 保育における指導とは

園生活を通しての人間の深まりとは、集団づくりの過程にほかなりません。子どもたちは、遊びの中で生まれるクラス風土を媒介にしてお互いに人間関係をつくっていきます。そのクラス風土の中で、自己を表現し、お互いに協力し、共通の目標に向かって協同する力を身につけ、子どもたちは一人一人の人間性を豊かなものにしていきます。これは集団づくりの過程そのものです。したがって、保育にとって遊びが不可欠なものであるとするならば、クラス風土づくり（集団づくり）は保育にとって重要な意義をもつものとなります。

しかし、子どもたちをただ遊びの中に置きさえすれば、子ども同士の中でしぜんに人間関係が生まれ、仲間づくりが行なわれる、というものではありません。一見、楽しく行なわれているように見える集団であっても、同じ子どもがいつも良い役を独り占めしていたり、その集団に入りたいと思っていても入れない子どもがいたりすると、望ましくない人間関係が生まれる場合があります。楽しく過ごしているからといって、子どもたちに全てを委ねておくわけにはいきません。そうした、望ましくない影響を取り除き、豊かな人間関係を形成し、主体的な遊び集団に発展させるためには、保育者の指導が必要となってきます。

子どもたちが集団活動に参加できない、集団場面で遊び活動への意欲が高まらないなど、保育の過程の問題に突き当たることがしばしばあります。そんなとき、保育の過程の構造が明らかにされていれば、より確かに問題の原因を究明することができ、適切な指導を見いだすことがあります。

ここでは、保育の過程を規定している主要な構造要因を末吉悌次氏の提案に依拠して、次の三つに分けて考えてみましょう。〈註③〉

・活動内容（保育内容）……保育内容が子どもの興味や関心に合致しているかどうか。
・活動主体（子ども）……子どものパーソナリティー面で積極的、自発的、意欲的かどうか。
・集団構造（人間関係）……保育者と子ども、子どもと子どもの人間関係はどうか。

保育の場が子どもの遊びへの意欲を高め、積極的になるような集団構造をもっているかどうかが問題です。

次の実践事例は、幼稚園での出来事です。

そこで、A男の活動参加は、三つの構造におけるそれぞれのどの要因がどのように影響し合って、具体的な形を取ったものといえるでしょうか。

事例　〈なんの劇かわからへん〉／年長組3月

（なんの予告もなく、だらだらと始まった劇を見る）

A男「なんの劇か、わからへん。初めになんの劇をしますって言い！」

（B男が照れながら舞台の前に出てきて、ふざけて話す）

B男「『空色のたね』の劇をします」

A男「そんなにふざけたらあかんやん。まじめに、みんなで、『空色のたね』の劇をします、言うたらええのに」

C子「Aちゃん、すごい！　びっくりした」

（全員、拍手する）

A男は、クラスの中ではいつも友達に助けてもらって仕事や遊びに参加していました。そのA男からこうした発言が生まれたのは、クラスのみんなに支えられているという確信をもっていたからでしょう。もしも、クラスの雰囲気が攻撃的であったら、A男には、こうした発言をする勇気が起こらなかったはずです。クラスの支持的な雰囲気がA男を変容させ、その変容に支えられたA男の行動が、A男を含むクラス集団にも変容をもたらしたと考えられます。

これは、先の三つの構造における集団構造、すなわち、保育者を含むクラスの人間関係が、活動主体（子ども）、活動内容（保育内容）を意欲的、積極化させた例であるといえるでしょう。

従来、保育の過程の研究や指導は、主に「保育内容」や「活動主体」に着目して行なわれてきました。しかし、保育内容と活動主体のみを対象とする保育の過程の指導や研究では、大きな転換を促す「力」の解明には不十分であることが見え始めました。

そこで、今求められている保育では、誰もが子ども一人一人の思いを尊重し、遊びを深めていく活動場面において、子どもたちを主体的に遊び活動に参加させたいと考えています。そのためには、保育の過程を保育者を含む集団の過程として把握し、保育者と子ども、子どもと子どもの人間関係を改善するような視点に立った研究・保育指導が期待されているのです。

〈註〉①R・キング著、森楙・大塚忠剛監訳『幼児教育の理想と現実』北大路書房　１９８４年。
②H.H.Anderson, The Measurement of Domination and of Socially Integrative Behavior in Teacher's Contacts with Children, Child Development, vol.10,No.2 (June,1939)
③末吉悌次『現代の学習形態』明治図書・１９６３年・69～78頁。

2003年度

カリキュラムの中に、人間関係づくりの視点を——解説

◆神長美津子

「子ども中心の保育」って何だろう

論説「カリキュラムの中に、人間関係づくりの視点を」を読んでいると、保育って何だろう、「子ども中心の保育」って何だろう、保育者はどうあったら良いのだろうかと、改めて考えてしまいます。当時、小田先生から薦められて、R・キング氏の著書『幼児教育の理想と現実』（森楙・大塚忠剛監訳）を読み、私はその趣旨を十分に理解できていたわけではないのですが、カルチャーショックを受けたことを覚えています。

著書でR・キング氏は、「社会的現実は人間によってつくられている」を前提として、子ども中心主義の教育に警鐘を鳴らしています。そのことについて、小田先生は「極端な言い方をするならば、保育者の描いたシナリオ通りに保育実践がなされ、子どもたちはあたかも役者のごとく、保育者という演出家により、キャラクターを決められて遊びを遂行していきます。保育室の内外にある多くの物品は、子どものキャラクターを形成・助成する小道具となり、子どもたちは保育者の敷いたレールの上を脱線することなく走っていきがちになるのです。そのことへの警鐘です」と解説しています。

保育者と子どもの人間関係に着目した指導の在り方

著書は、イギリスの幼児学校の学級を対象とした社会学的研究であり、日本の保育に必ずしも当てはまらないという反論もあるかもしれません。小田先生が指摘している「保育者は起こりうる状況よりも、子どもとの関係において実際に起こった状況を重視し、様々な角度から保育に臨む必要があります」は説得力があり、子どもは保育室の保育者をどう受け止めているかに着目して、丁寧に保育を考えていくことが必要です。

事例『なんの劇かわからへん』では、まさに保育者と子どもたちで構成するクラス集団の育ちを読み取ることができます。目には見えませんが、支持的クラス集団の雰囲気が、A男の気付きや言動を引き出し、更にA男の気付きや言動が、A男の周りにいるB男やC子の意識を変えている保育の過程を読み取ることができます。

2003年頃、文部科学省教育課程研究開発校で幼小連携研究を進める学校園が増え、5歳児の「協同的な活動」が話題になっていました。文部科学省の教育課程研究開発校の宇都宮大学附属幼稚園でも、人間関係の育ちの中で生まれる「共同の感覚」から「協同性の芽生え」を捉えるカリキュラムを作成していました。そのとき小田先生は、協同性の発達を急ぐのではなく、保育者と子どもの人間関係に着目したカリキュラムや指導の考え方を定着させていくことが大切であることを強調して指導助言なさっていました。

2004年度

これからの保育所・幼稚園と、園長の役割

はじめに

保育所・幼稚園における全体的な計画・教育課程は、各園において幼児の発達の状況、地域の実態に応じて園長の責任の下に、適切に編成するものであり、その基準として「幼稚園教育要領」・「保育所保育指針」が定められています。各園の保育・教育課程の編成にあたっては、園長は保育所保育・幼稚園教育をよく理解し、これに基づいて行なう必要があるということになります。

ご承知の通り、保育所保育指針・幼稚園教育要領については、幼児期の教育の基本である「教育は環境を通して行うものである」という考え方を引き続き継承・充実・発展を目ざし、そこでは「幼児の主体的な活動が確保されるよう、幼児一人一人の行動の理解と予想に基づき、計画的に環境を構成すべきこと」と、「幼児の活動の場面に応じて、保育者は様々な役割を果たすべきこと」が新たに強調されました。

また、幼児期の教育の目標では「幼児期における教育は、家庭との連携を図りながら、生涯における人間形成の基礎を培うために大切なものであり、保育所・幼稚園では生活を

通して生きる力の基礎を育成する」という記述が入りました。つまり、家庭との連携を重視する一方、学校教育の新しい理念である「生きる力」が位置付けられたといえます。更に、幼児を取り巻く環境の変化、家庭や社会のニーズの多様化に対応し積極的に子育て支援をしていくなど、園運営の弾力化を図ることも示され、園長の役割が一段と重要となってきています。

1．幼児教育の特質と園長の役割

保育所保育・幼稚園教育に対する考え方については、小学校以上の教育とは異なり、教科書もなく教育方法も不定型な要素を含んで多様であり、一部には、幼児の主体的な活動を確保するということは、幼児の活動をそのまま放置するといった誤解も見られ、幼児教育の特質について共通理解が不十分な点が見られました。

保育所・幼稚園においては、幼児の自発的な活動としての遊びは、心身の調和の取れた発達の基礎を培う学習です。幼児は遊ぶことを通して達成感、挫折感、葛藤、充足感を味わうなど、様々な体験を重ねながら心身の調和の取れた発達の基礎を身につけていきます。したがって、幼児の発想や興味・関心、更に幼児なりの環境への関わり方は大切にされなければなりません。しかし、このような保育を展開するための指導計画においては、様々に変化する遊びを見ながら指導計画を立てることは難しいとか、指導計画通りに保育を進めようとすると幼児の遊びがうまく展開しないなどの問題が生じているようです。指導計画の必要性を感じつつも、いざ作成すると幼児の生活とのズレに気付き、はたして指導計画が必要なのだろうかという矛盾を感じる場合もあるようです。また、このような立場を強調するあまり、指導計画を作成することは幼児の主体性を阻むことになるとして、計画そのものを否定する考え方をするようになってくることもあるようです。

しかし、保育所・幼稚園が意図的な教育の場として、幼児期教育の目標を達成するためには、どの時期にどのような経験が必要かなどを見通して指導の順序や方法についてあらかじめ予想を立てて、計画性のある指導を行なわなければなりません。ただし、計画性のある指導とは、あらかじめ立てた計画を念頭に置きながら実情に応じた柔軟な指導を行なうという意味であって、必ず計画した通りに指導するということではありません。ここが、幼児期の教育の特質でもあり、難しいところです。

つまり、どんなに綿密に作成した指導計画であっても、保育者の予想通りに保育が展開することはほとんどないでしょう。本来、指導計画は一人一人の幼児の生活を通して発達に必要な体験が得られるようにするために作成するものであり、具体的指導の中でその方向性をもつものだからです。ゆえに、それは一つの仮説であり、具体的な指導は目の前の幼児の姿に寄り添って、柔軟に行なうものであることに留意しなければなりません。こうした考え方は、小学校以上における指導計画の考え方とは多少異なるところでもあるでしょう。だからといって、全く異なる考え方では、幼・小のスムーズな連携は成り立ちません。特に、今、就学を控えた年長組の指導計画には、従来の考えを超えた教育方法や内容の工夫が期待されています。年少・年中組とは違った新たな指導計画が、幼児期の教育に求められてきているのです。ここにも、園長がリーダーシップを発揮すべき大切な役割の一つがあるようです。

2. 地域の中での保育所・幼稚園

幼児にとっては、保育所・幼稚園だけでなく、家庭も地域も共に大切な生活の場であり、幼児の生活は、家庭、地域社会、そして園と連続的に営まれています。したがって、幼児の家庭や地域での生活経験が園において、保育者や他の幼児と生活する中で豊かなものとなり、園生活で培われたものが家庭や地域社会での生活に生かされるという循環の中で幼児の望ましい発達が図られていかなければなりません。

そのためには、園が家庭の信頼を得、更には、視野を広げて地域の中での信頼を得るように努めることが重要となります。地域の人々の理解を得るためには、各園の一人一人の保育者が地域の人々とのふれあいを大切にし、地域の活動にも積極的に参加していく姿勢が必要です。また、園にやって来る子どもたちは、同時に地域に生活している子どもたちでもあり、地域の人々は、みんなそれぞれの立場から地域の子どもたちを大切にし、温かく見守っている存在であることを忘れることのないようにしなければなりません。こうした、子どもたちのことを共に考える基盤の上に、地域の人々との信頼関係を大切にし、地域に根ざした園であることが、保育を充実させ、家庭との連携を進めることにもなるのです。もちろん今、家庭の教育力の低下や地域社会それ自体が崩壊しつつある現実も事実として知らなければなりませんが、だからこそ、保育所・幼稚園が地域の中で存在感を示し、地域との連携を求め、支えなければならないことも認識するときではないでしょうか。

3. 地域の幼児教育のセンターと子育て支援

更に、近年の少子化、核家族化、男女参画型社会の到来など幼児を取り巻く環境や生活様式の変化に伴い、幼児を持つ保護者の不安の増加や地域の子ども同士で遊ぶ機会の減少等、子育てを巡る様々な問題が生じてきています。そのため、保育所・幼稚園が家庭や地域に対して開かれたものとなり、いわば地域の子育て相談など幼児教育のセンター的な役割を果たすことが期待されています。今や、子育て支援は幼児期の教育の新しいキーワードとなっています。この期待に答え、保護者の実態や地域の実情に応じて、長時間保育や預かり保育はもちろん、保育所・幼稚園を地域に開放し、子育てに取り組んでいる家庭をいろいろな形で支援したり、地域の子どもたちに遊びの場や機会の提供をしたりするだけでなく、子育てへの情報等の発信をすることによって、地域全体の教育力を高めるように努めたいものです。

こうした事がらを具体的な活動に移すためには、地域全体の教育、福祉、医療などに関するいろいろな専門機関との連携・協力なしにはできません。そのためには、まず園長が率先して地域に出向き、スムーズな連携・協力関係を築く努力を惜しまないことです。そのことが地域の教育力を高め、幼児のための生きた子育て支援システムになるはずです。

しかし、ここで留意しなければならないことは、地域の子育て支援、幼児教育のセンター的役割を果たしていくことは、保育所・幼稚園のもつ教育的機能を超えて何でも行なうということではありません。すなわち、各園が置かれている実状を踏まえて、今どのようなことを行なうことが期待されているのか、また各園の施設や現有の職員で何ができるのか、各園が過去から積み上げてきたものは何か、それらを生かすことができるか否かなどについて実現可能な事がらを、園長を中心に職員全体で慎重に検討した上で取り組むことが大切です。

おわりに

保育所・幼稚園の組織は、小さな集団が多いためか家庭的であるといわれています。しかし、それはともすれば閉鎖的になったり、マンネリに陥ったりしがちであることへの警鐘とも考えられます。

どのように小さな組織であっても、園長を中心に一人一人の保育者が園の教育活動を担う一員としての自覚をもち、日々の保育を充実させるためにはどのようにしたら良いかを考え、協力してより良い保育を創り出そうとする体制が必要です。なぜなら、園生活の中で幼児は、同年代の幼児や保育者とふれあうことを通して、発達に必要な様々な経験を重ね、ものの見方や考え方、周囲との関わり方などを身につけていくからです。その際、留意しなければならないことは、集団のもつ雰囲気や保育者の姿勢が無意識のうちに幼児の中に取り入れられていくことです。特に、幼児期の保育は担任だけで指導するのではなく、園の職員が一つのチームとして保育にあたらなければなりません。

そのため、職員同士がお互いに支え合い、協力し合って保育に取り組むことができるような心のつながりのある温かい人間関係づくりが必要となります。そのためには、園長を中心にお互いに保育の方向を確認しつつ、常に幼児の姿を見つめ合い、話し合う機会に恵まれた園づくりを目ざしたいものです。

特報

幼児教育の在り方を中教審で検討‼　幼児教育部会設置の意義と期待

小田　豊

文部科学省の中央教育審議会・初等中等教育分科会では、２００３（平成15）年10月16日幼児教育部会の設置を正式に決定しました。この部会は義務教育への接続や次世代の育成支援の中での幼児教育の在り方について包括的に検討し、約一年後を目途に答申を目ざしています。

幼児教育を中教審が正面から取り上げて議論するのは初めてです。もちろん、過去の中教審において「幼児期からの心の教育の在り方について」（平成10年）、「少子化と教育について」（平成12年）などにおいて幼児教育について議論がなされたことはありますが、いずれも学校教育や生涯教育の中の一つとして取り上げられるだけでした。

今回も、もともと遠山敦子・前文部科学大臣が一昨年5月に初等中等教育改革の推進方策について中教審に諮問した際の諮問理由の中に、「義務教育など学校に係る諸制度の在り方」として「義務教育に接続するものとして幼児教育の在り方についても審議」とされていました。ところが、6月に入って閣議決定された、いわゆる骨太の方針の第3弾として『経済財政運営と構造改革に関する基本方針２００３』が出され、その中で、「就学前の教育と保育を一体として捉えた総合施設」の設置について平成18年度までに検討するよう要請されました。さらに、地方分権や規制緩和の観点から幼稚園における子育て支援や保育所との連携を超えて「幼保の一体化」の在り様が緊急の課題となってもきました。こうした状況を受けて、幼児教育の振興に関する重要事項を正面から検討すべきとして初等中等教育分科会でも新たな「部会」の設置が話題となり、正式に「幼児教育部会」の発足となったというわけです。

こうして誕生した幼児教育部会は、さっそく、10月28日に第1回が開かれました。委員としては、中央教育審議会の正式な委員3名、臨時委員として幼稚園関係者2名、小学校関係者1名、学識経験者5名、地方自治体関係者2名、民間関係者（保護者を含む）2名、合わせて15名から構成されています。そこでは、文部科学省より部会設置の理由を先に述べたような趣旨に沿って説明されました。更に加えて、幼児教育部会は、今後の幼児教育の在り方を幅広く議論する場であるから、小学校入学前の幼児を対象とする施設であるという点において共通する幼稚園と保育所の連携の在り方について、意見を伺うことはあるものと考えているが、いわゆる「幼保一元化」の検討を行なうことを主眼として、幼児教育部会を設置するものではないことを明らかにしています。

当面の検討課題としては、

①学校教育の始まりとしての幼児教育の在り方について

・子どもの現状や課題を踏まえた教育環境、教育内容、方法の在り方
・専門性の高度化等に対応した教職員の在り方
・幼児教育の質の向上のための持続的改善の取り組み
・幼児教育の機会の拡大

・幼児教育と義務教育の連携・接続の在り方

②次世代育成支援の中での幼児教育の在り方について

・幼稚園の子育て支援の在り方
・幼稚園と保育所の連携の在り方
・幼児教育に関する行政体制の在り方

が挙げられています。議論は始まったばかりですが、生きる力や人間形成の基礎を培う幼児期の教育の重要性が一段と高まっている状況をしっかり受け止め、子どもの側に立った教育内容・教育行政の充実に向けた腰を据えた審議を同部会に期待したいものです。

2004年度

これからの保育所・幼稚園と、園長の役割——解説

◆神長美津子

幼児教育は不定型な要素を含んでいるからこそ、園長のリーダーシップが重要

この論説を読み、「幼児教育施設において、なぜ、園長のリーダーシップが重要なのか」について、改めて考えることができました。小田先生は、幼児教育について、「教科書もなく教育方法も不定型な要素を含んで多様であり、一部には、幼児の主体的な活動を確保するということは、幼児の活動をそのまま放置するといった誤解も見られ、幼児教育の特質について共通理解が不十分な点が見られました」と、幼児教育は不定型な要素を多様に含んでいるため、各園において創意工夫を求められていることが、逆にマイナスの要因になってしまうことを指摘しています。

また、不定型な教育から定型な教育へ移行していく年長組の指導計画では、新たな視点を考えていくことが必要ですが、具体的にはどのような指導計画や指導をするかは、園に任せられています。幼児教育の充実発展として小学校教育を位置付けていても、現状では、目に見える成果を求めて、小学校教育の前倒しになってしまっていることも少なくありません。現在、文部科学省の施策で進められている「幼保小の架け橋プログラム」は、このことを課題として、18歳までを見通した上で、幼児教育から小学校教育への移行がどうあったら良いのかを検討す

るものです。

いずれにせよ、教科書がない幼児教育では、その内容や方法は、子どもの発達、園や地域の実態に沿っていくことが必要であり、園長のリーダーシップの下で保育者間の協力体制をつくりながら、創意工夫を生かした実践をしていくことが求められています。このため、他の学校種と比較して、園長のリーダーシップへの期待は大きいといえます。また、一方にはその判断によっては、マイナスの状況が生まれてくる可能性もあるのです。

園長を中心にお互いに保育の方向を確認しつつ、幼児の姿を話し合う園づくり

単に園長がしっかりと、その方針を発信することだけを求めているのではありません。最後に小田先生が、「園長を中心にお互いに保育の方向を確認しつつ、常に幼児の姿を見つめ合い、話し合う機会に恵まれた園づくりを目ざしたいものです」と述べているように、園長には学び合う園づくりのリーダーとしての役割を期待しています。つまり、チームとしての園運営をしていくために求められるリーダーシップでは、信頼されることはもちろんですが、教職員の取り組みに共感したり刺激を受けたりして、共に学び、より良い教育・保育を実現しようとする姿勢をもつことが大切なのです。

特報

幼児教育部会設置の意義と期待 —— 解説

◆神長美津子

歴史の転換点としての「幼児教育部会」の設置

中央教育審議会は、文部科が大臣より「今後の初等中等教育改革の推進方策について」の包括的な諮問を受けて、「義務教育制度に接続するものとしての幼児教育の在り方」について検討するため、2003（平成15）年10月に、中教審初等中等分科会の下に新たに幼児教育部会が設置されました。幼児教育部会では、義務教育とのつながりや幼稚園と保育所との連携、地域の子育て支援の在り方等、幅広い観点から幼児教育についての審議が進められています。具体的には、学校教育の始まりとして幼児教育の在り方とともに、地方分権や規制緩和の流れの中で設置されるようになってきた「就学前の教育と保育を一体として捉えた総合施設」です。

小田先生は、論説にも書かれていますが、これらの課題は長年構想してきたものであり、「初等中等教育の中で、やっと幼児教育に光を当てた議論ができるようになった」という思いだったと思います。それだけに、「幼児教育の振興に関する重要事項を正面から検討すべき部会」という期待をもっていらっしゃいました。

幼児教育部会設置後20年が経過している現在、就学前の教育・保育を一体的に提供する総合施設は幼保連携型認定こども園となり、全国で6093園（内閣府2021年4月調べ）設置され、更に増加の傾向にあります。また、現在、義務教育開始一年前の5歳児と、義務教育開始後の小学1年生の二年間の架け橋期カリキュラムを作成して、この時期の教育内容や方法の充実を図る架け橋プログラムが展開しています。この20年間を振り返ってみると、幼児教育部会の設置は、まさに戦後の二元の保育行政の歴史の中で、大きな転換点だったといえます。

就学前の全ての子どもを対象にして幼児教育の充実を図る

幼児教育部会の審議のまとめは、中教審答申（２００５（平成17）年1月）「子どもを取り巻く環境の変化を踏まえた今後の幼児教育の在り方」にあります。審議は、「幼児教育」の定義を巡っての議論から始まりました。現在は、保育所も「幼児教育を行う施設」ですが、当時は、「幼児教育」や「幼児教育施設」と言ってしまうと、幼稚園などの限られてしまいました。そこで、答申の冒頭では、「幼児教育の重要性や幼稚園等施設（保育所を含む）が果たしてきた役割を評価」と表記して、保育所に通う子どもたちも含めて、幼児期の教育の充実を図ることの必要性が論じられています。２００６（平成18）年に教育基本法改正では、本答申を受ける形で、第11条に幼児期の教育の充実が新たに盛り込まれ、やっと就学前の全ての子どもを対象にした幼児教育の充実策を練る法的な根拠ができました。

2005年度

幼児期から児童期への教育内容の充実

はじめに

子どもたちは、子どもらしい願いを抱いて雨の日も風の日も元気に登園してきます。子どもたちは、自分の心の中にある願いを満たしてくれる場所であることを保育所・幼稚園に期待しているのです。このとき、子どもにとっての教育の目的は、自分の願いを満たすこと、すなわち、遊びの喜び・創造の喜び・協力の喜びを体験できることなのでしょう。保育所・幼稚園は、こうした子どもにとっての教育の目的を実現する場にほかなりません。言い換えるならば、教育を子どもの側から規定していこう、より大胆に言うなら、幼児期の教育内容を子ども自身の中に内在させようということになります。その意味で、保育所・幼稚園が子どもにとってのふさわしい生活の場であり、しかもそこに、遊びを中心とした教育内容と保育者の意図が含まれた保育の展開がなされているかが常に問われなければなりません。

ところが、この遊びを中心とした教育が幼児教育関係者以外の方々に理解されているのでしょうか。同じ学校教育にある小学校以上の教育とは少なからず似て非なるところが理解されず、いわゆる学級崩壊の要因が保育所・幼稚園にあるかのごとき流布が巷でなされました。しかし、保育所・幼稚園は、小学校教育と同様に年間計画や日々の指導計画もしっかり持っています。

学級崩壊の要因が保育所や幼稚園にあるか否かは別としても、幼児期の教育内容の構造や保育の展開が多くの方々に理解されていないのかもしれません。

そこで、本年度の基本方針としては、古くて新しい課題なのかもしれませんが、幼児期から児童期への接続から教育内容の充実を今一度挙げてみることにしました。

1. 幼児期と児童期

保育所・幼稚園を修了した満6歳児は、必然的に小学校の1年に入学するという教育制度の下では、保育所・幼稚園教育と小学校教育とが、一人の子どもの中で否応なく連続しています。

しかし、教育を受ける側、つまり、子どもの中では発達の過程としてつながっているはずのものが、教育をする側の保育所・幼稚園や小学校の側からは、必ずしも常に一貫、連続したものと見なされていなかったのではないでしょうか。

ある園長先生が「卒園式で『幼稚園では本当にたくさん遊ばせていただきました。小学校に行ったら、これじゃいけないですから』と言われ、幼稚園だってただ遊ばせているわけではなく、人間が生きる上で必要な知恵や経験が積み重ねられているのにと、悔しい思いをしました」と、保護者に幼児期の教育が誤解されていることへの寂しさを語ってくれました。このエピソードは、幼児教育の不定型さの良さこそが、定型的な小学校教育への連続性を支えるものであることが、保護者に伝わっていないことを示していると同時に、二つの間に大きな距離があることへの危惧を感じます。

本来、人間の生活や発達は、周囲の環境と相互に関わり合うことによって行なわれるものであり、そのことを切り離して考えることはできません。特に、幼児期は心身の発達が著しく、環境からの影響を強く受ける時期でもあります。

したがって、この時期にどのような環境の下で生活し、その環境とどのように関わったかが、将来にわたる発達や人間としての生き方に重要な意味をもつことになります。同時に、幼児期は先生から教えられたことをそのまま学ぶことによって育つ時期ではありません。この時期は、遊びを通して幼児が周囲の環境と主体的に関わることにより、様々なことを自分から積極的に学び取っていく時期です。

幼児期のこうした特性を考えると、保育所・幼稚園における教育の在り方は、小学校以上とは教育の方法が異なってくることになります。

しかし、当然のことながら保育所・幼稚園は意図的な教育を行なうことを目的とする学校です。したがって、幼児期の教育においては、その目的や目標が有効に達成されるように、幼児の発達や生活の実情に即して各々の時期に必要な教育内容を明らかにして、それらが生活を通して、幼児の中に育てられるように計画性をもった適切な教育が行なわれなければなりません。

ところが、先のエピソードのように遊びのもつ不定型さにのみ目が行き、その遊びの背景にある一人一人の豊かな主体性や保育者の意図性が見えなくて、単に遊ばせているだけであるように見えて、小学校教育との距離を広げているようにも感じられます。このことには、従来、往々にして見られたような保育所・幼稚園と小学校のセクト的対立や、受験を念頭に置いた能率主義に陥った立場からの連続性の強調などの、幼児一人一人の現実的な成長と無関係とまでは言わないまでも、幾分、歪曲された見方が支配的であったことが考えられます。今、必要なことは、幼児期から児童期にかけての発達的特性をできるだけ客観的に捉えると同時に、幼児期と児童期を、一人一人の人間としてどう生きることが最も充実した生き方になるのかという角度から考えなければならない時期にきています。

だからといって、保育所・幼稚園で幾らか教えておいたほうが良いかどうかというような形で、幼児期の教育効果が小学校での学習活動にどんな形で表れるかといった直線的な物差しで安易に連続性を考えるべきではないことは言うまでもありません。幼児期を幼児期として充実させることが、児童期を学童期として充実させることになります。一人の幼児の中で、何が連続していくものであり、何が段階的に脱皮していくものであるのか、こうした要素について客観的な目で検討して見ることが必要になってきているのです。

2．学びの基盤と学習の基礎基本

かつては、保育所・幼稚園は何をしている所なのか深く考えることなく、「みんなが行くから……」という軽い気持ちで、園児が集まっていました。しかし、今は違います。「保育所・幼稚園には行かせたいけれど、どんな園が良いかじっくり検討してみよう」という対応が主流となっています。その際、一番の関心事であり、選択の基準となるのは「ここでは、何を育ててくれるのだろうか？」ということです。

この「何を」という部分が鋭く問われてくることになります。

それに正対して、「どうぞ安心してお子さんを園にやってください。幼児教育の専門家として、一人一人の幼児のよさを生かし、その子らしさを発揮し『学ぶ楽しさ』にあふれる、幼児の側に立った『学びの基盤』づくりとしての教育をいたします。そのことは、小学校教育へと連続しているのです。ただし、早期受験教育はやっておりません」と言える力をもつべきでしょう。

「学びの基盤」という言葉に、多くの人はあることを想起するようです。別の言葉を使えば、ドリル学習などに代表される早期受験教育であり、小学校教育へと直結しているとの錯覚です。

学びの基盤的教育と早期受験教育とはまるで違うものなのですが、二つが混同されて「学ぶ」という言葉に誤解が生まれ、学習の基礎基本へも偏見をきたしているのではないでしょうか。

一人一人の幼児のよさを生かし、幼児期にふさわしい生活を通してそれぞれのもっている「その子らしさ」を切り開き、生きる力を身につけていくのが「学びの基盤」です。しかし、「学び」という語と早期の受験教育との間にある本質的な違いをつかめなかったために、様々な取り組みが生まれ、保護者を含め園自身も混乱してきたところがあるのではないでしょうか。

幼児は遊びを通して周囲の環境や友達と関わり、見たり、触ったり、感じたりすることにより、周囲の世界に好奇心や探求心を抱くようになり、ものの特性や操作の仕方、生活の仕組みや人々の役割などに関心をもち、気付き、自分なりに考えることができるようになるのです。

この学びの基盤から小学校教育が目ざしている学びの基礎基本につながっていくのです。幼児が遊びに夢中になっているとき、その幼児のよさがあふれ出し、輝いている姿があり、その輝きに心から感動し、うなずき、寄り添ってゆく教育を実現することの中に学びが生きていることを、今一度、保護者をも含め教育に携わる全ての人が確認する必要があるのではないでしょうか。

2005年度

幼児期から児童期への教育内容の充実──解説

◆神長美津子

遊びの背景にある幼児の主体性と保育者の意図性

幼小の連携は古くて新しい課題です。平成元年改訂の幼稚園教育要領と小学校学習指導要領では、幼児期が幼児期の教育として充実することが、児童期を学童期として充実することにつながるという考え方の下、生活科が創設されたことは周知の通りです。生活科は、子どもが徐々に学童期の学習につながっていくためのステップとして作られた教科です。

しかしその後、マスコミ等で、「小1プロブレム」が取り上げられ、「遊んでばかりいると小学校に入学して不適応を起こす」と、幼児教育は大分たたかれてしまいました。小田先生は、「小1プロブレム」が問題を指摘される度に、「教育を受ける側、つまり、子どもの中では発達の過程としてつながっているはずのものが、教育をする側の保育所・幼稚園や小学校の側からは、必ずしも常に一貫、連続したものとみなされていなかったのではないでしょうか」と、教育をする側の問題を取り上げていらっしゃいました。

平成10年改訂の幼稚園教育要領では、第1章に「計画的な環境の構成」と、「教師の役割」という言葉を加え、遊びの背景にある幼児の主体性と保育者の意図性を明確にしました。幼稚園教育では遊びを重視し、子どもの主体性を尊重して、意図的な教育を展開していることを示したのです。

「学ぶ楽しさ」の中に「学びの基盤」がある

ところが、保護者は幼児教育と小学校教育は異なった教育の方法をとっているので、発達や学びは連続しているということを理解していませんでした。小田先生は、そのことについて「遊びのもつ不定型にのみ目が行き、その遊びの背景にある一人一人の豊かな主体性や保育者の意図性が見えなくて、単に遊ばせているだけであるように見えて、小学校教育との距離を広げているようにも感じられます」と述べています。

このことは、保護者への対応のみではなく、保育者自身がこうしたことを意識して、幼児教育を実践し、「学びの基盤」とは何かについて発信していくことが必要であることをも指摘しています。論説の最後に、「幼児が遊びに夢中になっているとき、その幼児のよさがあふれ出し、輝いている姿があり、その輝きに心から感動し、うなずき、寄り添ってゆく教育を実現することの中に学びが生きていることを、今一度、保護者をも含め教育に携わる全ての人が確認する必要があるのではないでしょうか」に述べています。ここに表現されているどの言葉も、「幼児教育とは何か」につながる大切な言葉であり、私たち幼児教育に携わる者が、心に刻んでおくべき言葉ではないでしょうか。

2006年度

今一度、保育者の専門性の確立を!!

現在、幼児教育の世界では総合施設の創設などを含め多くの問題で保育所・幼稚園の存在が話題となっています。一方、最近の子どもたちの引き起こしている様々な現象を考えると心の空洞化が更に進んでいるように感じられます。こうした中にあって保育所・幼稚園の保育・教育の在り方や保育者の専門性が、厳しく今一度問われています。幼児期にふさわしい教育の実現には、当然のことながら現行の幼稚園教育要領・保育所保育指針に提起されている保育理念に基づいた指導方法が一人一人の保育者に確立されている必要があります。すなわち、その保育理念とは、子どもたちに知識や技能を一律に与えることではなく、一人一人のもっているその子らしさを切り開きながら、子どもたちの内面にある意欲や心情、それを支える態度などを育てる指導の在り方です。そのためには、一人一人のよさや可能性を捉える保育者の目と、子ども一人一人の内面に揺れ動いているものに適切に応じた関わり方が求められています。

しかし最近、いつのまにか従来からやっていた子どもたちを集団として一律に扱う指導方法が復活して、一人一人の子どもの心に何が起こり、何が動いているのかに目を向けた一人一人に応じる保育者の具体的な関わり方が軽んじられる傾向が出てきています。その理由の一つに、幼児期の学びの問題や幼小の連携が浮上し、そのことにとらわれ過ぎているることは否めません。確かに、ここ数年、小学校以上での学力低下問題が話題となり、その低下した原因探しの流れの中に幼児期の遊びを中心とした保育・教育の在り方が問われてきています。その結果、過去の遺物であった小学校への準備教育という考え方が再び登場し、学びの充実のためにと称して、子どもたちを一律に追い込むような保育・教育の在り方が浮上してきているのです。

幼児期の学びの充実が話題となることは幼児教育にとっては良いことなのですが、幼児期の発達特性や一人一人のよさを生かした保育・教育を無視した保育の在り方が拡がることは問題です。ご承知の通り、幼児期の教育は将来の人間形成の基礎を培う重要な時期であり、そのためには心の安定と学びの基盤づくりが不可欠です。更に、幼児期の特性として、この心と学びが別々のものとして機能するのではなく、常に同じ場にあって同時に働き、より良く連結し合うことによって発達する時期であることも事実です。その意味でも、今、必要な保育者の技術、すなわち専門性は、子ども一人一人の生活を「あるがままに受容」し、子ども一人一人の内面の理解と信頼関係を築きつつ、発達に必要な経験を子ども自らが獲得していけるよう援助していける力です。そこでは、保育者は「子どものために何を与えたら良いか」ではなく、「子ども一人一人と向き合えるものは何か」という視点から子どもを援助しているか否かが問われているのです。
具体的には、

- 子どもの立場や気持ちに共感するよりも、保育者が自分の考えを一方的に押しつけたり、決めつけたりしていないか。
- 外から規制することばかり考えて、子ども自らが考えたり、展開したりできるよう援助することを怠っていないか。
- 教えることやしつけすることに性急になり、子ども自身が考え、やってみる力を育てることを忘れていないか。
- 子どもの欠点ばかり指摘して、子どもの創造性や好奇心を認め、励ます姿勢が欠けていないか。
- 子ども一人一人の持ち味を考えず、一律に追い込んだり、待つことの姿勢が欠けていたりしないか。
- 子どものために何を与えたらではなく、子どもと共に考え、子ども一人一人と向き合えるものは何かを見つめる姿勢に欠けていないか。

などです。

　ここに挙げた保育者の関わり方に対する視点は、子どもの健全な成長や子どもとの共感を願うカウンセリングにおけるカウンセラーと来談者の間の基本的姿勢に類似していますが、保育者の専門性でもあります。つまり、子ども一人一人の生活を「あるがままに受容」し、「子ども一人一人と向き合んるものは何か」を考えることが、今、保育者と子どもとの関係に求められているのです。特に、幼児期の学びの充実のためにも一人一人に応じる指導が極めて重要な教育的機能であることを今一度考えなければなりません。

　たとえば、保育の場において子どもが示す様々な行動傾向は、起こるべくして起きてきたものと、つくりやすい条件の中で生まれてくるものがあります。保育の過程は、子どもに出会い、子どもと思いもつかない場面、場面で瞬時に臨床的所見を行ない、続く短い時間の中で適切な援助や助言をしていくことの連続です。その意味で、自分の感情を十分に言葉で表現できない幼児期の子どもなどには、遊びを通して偶然の機会を捉えたり、あるいは機会をもったりしていかなければならない点は、保育の過程とカウンセリングの過程とは違ってきます。しかし、そのような中で来談者が自分の問題に気付き、自分でのり越えようとすることができるように、その人の心に寄り添って共に考えようと努力を払うカウンセリングの過程は、保育の過程における保育者と子どもとの関係に一致します。言い換えれば、相手の心の世界を受け止め、相手の立場に立って考えていこうとする姿勢に徹しようとしていることです。

カウンセリングの過程で来談者が自分で課題をのり越えていくためには、まず両者の間に温かい信頼関係をつくり出すことが重視されています。そのために相手のありのままの姿を温かく受け止める肯定的理解や、受容的態度をカウンセラーがもつ必要があるし、同時に、相手の心の動きを受け止める感受性と、価値ある方向を気付かせる厳しさが要求されます。保育・教育の営みの中でも大切なことは、保育者と一人一人の子どもとの間に信頼関係をつくり出すことです。同時に、子どもの言動や表情からその子が今何を感じているのか、何を実現したいと思っているのかを受け止めて、自分で課題をのり越えていくための適切な援助をすることです。以上のことを簡単な図で考えるならば、次のようになります。

あるがままを受け入れる（受容）
↕
子どもの心を開く（待つ）
↕
価値ある方向に気付かせる（切断）

つまり、現在今一度求められている保育の在り方とは、「受容という優しさ」と「切断という厳しさ」の二つの保育・教育の原理を保育者がもつことなのです。更に、こうした保育の展開方法をモデル図で考えるならば、下のように示されるのではないでしょうか。

これは、保育の展開方法が保育者中心の「一方向化」から保育者と子どもが生活の中から創る多様な方法が許される「サイクル化」への転換です。この「一方向化」から「サイクル化」への転換は、童謡『雀の学校』（作詞／清水かつら　作曲／弘田龍太郎）の歌詞にあるような、保育者の画一的あるいは指示的な指導から、童謡『めだかの学校』（作詞／茶木滋　作曲／中田喜直）の歌詞にあるような、保育者と子どもが向き合う指導へと、また教育観も「子どもに何を与えるか」ではなく、「子どもと向き合えるものは何か」という教育的命題の転換が迫られているのです。しかも、環境を構成することは保

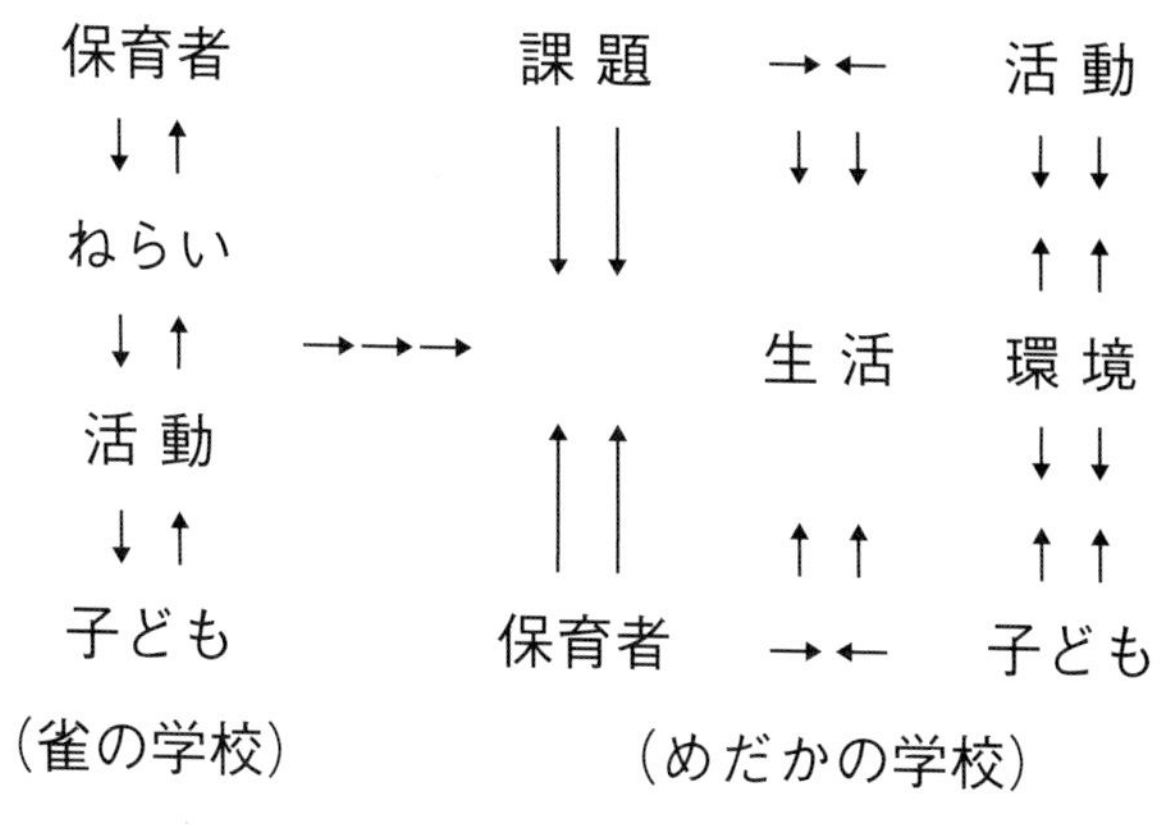

育者が関わっていきますが、その環境と出会い、関わりをもつことは子どもに委ねられているのです。子どもたちが自分の意思で環境と関わることで、子どもの主体性を十分発揮させながら子ども自身の手で「学び」をも深めようと考えられているのです。もちろん、この展開の前提として保育者と子ども、子どもと子どもの情緒的安定を含めた温かい人間関係がしっかりつくられていることは必須条件です。

つまり、それは先に見たカウンセリング・マインドをもった保育者の姿勢ということになるのでしょう。

シクラメン（撮影　優子さん）

2006年度

今一度、保育者の専門性の確立を!!――解説

◆神長美津子

子ども一人一人と向き合えるものは何か

この論説を書いている時期は、幼稚園教育要領の平成20年改訂を目ざして、中教審教育課程審議会が動いているときでした。保育所保育指針も、改定のための検討委員会が動いていました。いずれも、幼児教育・保育は生きる力の基礎を培うものとして、更に小学校以降の生活や学習の基盤をつくるものとして、「幼児期の学び」が関心の的になっていました。小学校以上の学力低下の原因探しの流れの中で、遊びを中心とする幼児期の教育・保育の在り方が問われてきていることに対して、小田先生は「過去の遺物であった小学校への準備教育に戻ってはいけない」と、厳しく警鐘を鳴らしています。

そして、保育者の専門性として求められことは、「保育者は『子どものために何を与えたら良いか』ではなく、『子ども一人一人に向き合えるものは何か』という視点から子どもを援助しているか否かが問われているのです。」と、一人一人に応じる姿勢を述べています。また、「幼児期の学びの充実のためにも一人一人に応じる指導が極めて重要な教育機能であることを、今一度、考えなければなりません」と述べ、保育者には心の動きを感じ取る感受性と、価値ある方向に気付かせる厳しさが求められることを解説しています。

子ども自身の手で学びを深めるためにどうするか

「価値ある方向に気付かせる厳しさ」とは、どのようなことでしょうか。

「遊びの中で学ぶ」は、子どもが環境と関わって生み出す活動の中で、「感じる」「気付く」「不思議に思う」などの体験を通して、自分なりに課題を見いだし、探究する姿です。そのとき、保育者はどのような役割を果たしているのでしょうか。

まずは、子どもがわくわくするような魅力ある環境の構成は必要です。ただし、環境と出会い、関わりをもつことは、子どもの手に委ね、子どもは自分の意思で環境と関わり主体性を発揮していきます。そして環境と様々に関わる中で、その不思議さやおもしろさに気付き、関わりを深めていきます。その様子を見ながら、保育者は必要な援助をしていきますが、このときに大切なことは、「子ども自身の手で学びを深めるためにどうするか」の視点からの援助を考えていくことです。

つまり、「価値ある方向に気付かせる」ための保育者の関わりには、ある意味では、「すごい！やってごらん」とポンと背中を押す、「切断」という側面が必要なのです。その前提として、保育者と子ども、子どもと子どもの、温かな人間関係がしっかりとつくられていることが大切であることはもちろんです。

2007年度

子どもの育ちの変化と保育の質の充実

はじめに

近年の少子化、男女共同参画社会の時代にあって、幼稚園・保育所に求められるものも変化してきています。そこでは、幼稚園・保育所の有り様はもちろん、保育の質そのものに関しても新たな課題が生まれてきています。こうした課題を現実の子どもたちの状況を踏まえながら、新しい時代にふさわしい保育の在り方を保育の基本方針としても模索する必要があるでしょう。

1．OECD（経済協力開発機構）〈註〉からの提言と中央教育審議会の答申

ここ数年、乳幼児期の子どもの育ちの「変化」が盛んに指摘されてきています。たとえば、基本的な生活習慣が身についていない、運動能力が低い、他人との関わりが苦手、自制心や規範意識、知的好奇心の欠如など、枚挙にいとまがない程です。その「変化」はマイナス方向ばかりが強調されている傾向です。しかし、そうしたマイナス傾向の結果か否

かは別として、学齢期の子どもたちの学習状況や生活実態においては、小学校1年生の子どもたちが学習に集中できない、教師の話が聞けずに授業が成立しないなど、学びの危機とともに学級がうまく機能しないことを捉えて「小1プロブレム」などという「言葉」を生み出してもいます。

こうした子どもたちの育ちの変化を受けて、ここ数年、教育改革の嵐が吹き荒れています。マスコミなどによる幼児教育に関わる見出しだけでも、認定こども園（総合施設）への提案をはじめ、幼小連携、幼保一体化の取り組み、特区による乳幼児保育への新たな取り組み、学校評価及び情報提供、広がる特色ある園など、様々な改革への試みや提言で埋め尽くされています。そこでは、保育はどこへ向かい、何をなすべきなのかが問われてきているのです。

乳幼児教育改革への議論の発端は、ＯＥＣＤ（経済協力開発機構）教育問題委員会が提出した『世界の教育改革２００１』において「幼年期に質の高い教育を用意することは生涯学習の基盤を形成することである、質の高い就学前教育及び保育環境で育った子どもは優れた思考力や問題解決能力を発達させる」と提言をしたことにあります。

この提言では、教育そのものの質の高さや専門性が求められているのです。こうした動きに対する具体化の一つとして、文部科学省では２００２（平成14）年に「学校評価及び情報提供」の義務付けと「自己評価」の実施と公表を「努力義務」として導入するとともに、中央教育審議会において初めて「幼児教育に関する諸問題」が取り上げられ、2005（平成17）年1月28日には『子どもを取り巻く環境の変化を踏まえた今後の幼児教育の在り方について』を答申したのです。

今回の答申は、2003（平成15）年5月に諮問された「今後の初等中等教育改革の推進方策について」の中の一つですが、幼児教育に焦点を当てた内容は、中教審としては初めてのことでした。また、答申の副題として「子どもの最善の利益のために幼児教育を考える」とした就学前の教育・保育を一体として捉えた総合施設（認定こども園）についても検討されるということで大いに注目もされました。

今答申は、まず、「心情、意欲、態度、基本的生活習慣など生涯にわたる人間形成の基礎が培われる極めて重要な時期」と幼児期の重要性を強調し、「知性、感性、人間関係の面で急速に成長する時期であり、この時期に経験しておかなければならないことを十分に行なわせることは、将来、人間として充実した生活を送る上で不可欠である」として、「質の高い保育」の必要性が述べられています。

答申では、こうした課題に対して、幼稚園などが中核になって家庭や地域社会の教育力を再生させるとともに、教員の研修の充実、幼児教育と小学校教育との接続を含め幼稚園等施設の教育機能を強化し、拡大することを求め、その具体化として「発達や学びの連続性を踏まえた幼児教育の充実、幼稚園教員の資質および専門性の向上」が挙げられているのです。

2. 認定こども園（総合施設）の立ち上げと保育の質の向上

答申の最終章には、今、話題となっている「就学前の教育・保育を一体としてとらえた一貫した総合施設について」述べられています。この認定こども園（総合施設）は、現在の多様化した社会にあって保護者に新たな選択肢を提供するための、幼稚園と保育所の機能を併せもった施設です。

この認定こども園（総合施設）は、「親の就労の有無・形態等で区別することなく、就学前の子どもに適切な幼児教育・保育の機会を提供し、その時期にふさわしい成長を促す機能を備えることを基本とする」ものであるとも述べています。

すなわち、幼児教育は「生涯にわたる人間形成の基礎」であると同時に、「将来の社会を形成していく人間としての生きる力の育成」の問題であるとして、その両面から検討し、就学前の教育・保育の一体化を図った地域環境づくりと総合的な機能を併せもった施設を提案しています。従来の子どもの環境づくりを学校教育の教育機能としての子どもの成長、発達の側面から検討することを提案していることは注目したいものです。

また、今回提起された認定こども園（総合施設）とは、現在の多様化した社会にあって保護者に「子育てと保育」へ新たな選択肢を提供するための、幼稚園と保育所の機能を併せもった施設であるとし、対象者は０～５歳児で保護者が就労しているか否かは問わない。また、一時的利用、夜間保育、預かり保育も視野に入れることとしている一方で「親の育児の肩代わり、預けっぱなし」については明確に否定しています。

つまり、ここでは、新たな考え方として、たとえ利用形態が違ったとしても、教育の中核という意味で共通の教育時間としてコア時間を設定し、その時間を４時間程度と提唱し、特に、５歳児の段階では、小学校の学習や生活の橋渡しに資する活動の実施を考えることが必要としているのです。また、職員資格についても当分の間「一定の教育・保育の質を確保する観点から、保育士資格及び幼稚園教諭免許を併有することが望ましい」としていることが注目されています。

３．保育の質と協同的な学びの充実

つまり、幼児教育の世界では総合施設の話題とともに保育の質の向上、幼児期の「学び」のことが問題となっているのです。おそらく、その根元は小学校や中学校における学力低下の問題とも連動して幼児教育の世界に飛び火しているのではと考えられます。

本来、学びの基盤とは人間が人間らしくあることでしょう。ところが、今、話題となっている学びの問題は、残念ながら「知識、暗記、画一、依存、受動、競争」という言葉で表されるものばかりで、子どもを単に知識の集合体でしかない世界に閉じ込めるだけのものになっています。これでは人としての真の学びの基盤とはなりません。人間が人間らしくあるということは「人間が自由である」ことが基調です。このことを具現化するには「体験、思考、自主、創造、個性、協同」という言葉で組み立てられるものにならなければなりません。これらの言葉で言い表され、そのまま子どもたちの世界の中で生かされている活動があります。それは「遊び」です。

子どもたちの遊びは、本質的に自由で自主的な活動といえます。遊びが成立するとき、人間は人間として自由になっているのではないでしょうか。また、遊びが成立しているときには、単に、自由で自主的であるだけでなく、子どもたちはまず自分の手や身体を思い切り使うことによって楽しんでいます。こうした遊びを通して子どもたちは失敗や成功を体験し、更には友達と考え合ったり、時に協同したりしながら様々な工夫さえしていきます。この過程こそが幼児期にとっての「学び」といえるのです。

そして、遊びが深まれば、更に熱中して、いっそう深く遊びに集中していき、子どもたちは、その中で喜びと楽しみを体感しながら満足感・充実感さえも味わっていきます。こうした過程を子どもたちがたどることを「遊びを通して学習する」と幼稚園教育要領・保育所保育指針では幼児期の「学び」について説明しています。

更に、幼小の連携に関わる視点として個と集団の関係が挙げられています。従来、幼児期の教育では一人一人の経験していることを大切にし、小学校教育のように学級全体の学び合いを重要視してこない傾向がありました。

しかし、今回の答申では、幼児期の教育においても、遊びや生活の中で育つ協同性に目を向け、幼児一人一人に「協同的な学び」の喜びを十分に体験させていくことが必要であることが強調されています。

ところが、子どもたちは、社会や家庭の生産構造の変化によって家事を含め生産活動から隔離され、その上、情報化や都市化の波によって自然環境から遠ざけられ遊び場を失い、少子化によって仲間関係も奪われ、コンピュータに代表される「機械が相手」という、遊びの内容さえも変えざるを得ない状況を余儀なくされているのです。

その結果は、従来からの遊びだけでなく、人間関係をも忌避するという現象が見えてきています。こうした現象が保育所・幼稚園へも波及してきているということは、人間の基盤としての諸能力、言い換えるなら、真の「学び」の獲得からも逃避していくことになっているのではないでしょうか。

現代の子どもたちは、遊びを通して人間的な諸能力を身につけていません。それは、ひいてはモノの世界を知ることができないことを示唆しています。子どもたちは、自分の目で見、肌で触れ、手でつかむなど、身体全体を使って具体的に事物を体験することで、初めて対象を理解するという思考の特性をもっています。そうした具体的事実を基盤として、宇宙の原理や法則といった抽象概念をもつこともできるのです。

「学び」という人間としての必要な能力を獲得するためには、こうしたモノの世界を知るという具体的な体験をすることなしには成立しません。具体的な体験とは、それが子どもの中に生活として内在されなければなりません。子どもたちは、生活、すなわち生きていることに関わっているという実感のないものは、一過性の刺激として切り捨ててしまいます。その意味で、保育の基本方針としては、子どもたちの遊びの喪失とは学びの基盤を失いつつあることだと知らなければならないのです。

〈註〉 **OECD（経済協力開発機構）** ヨーロッパを中心に、日米を含めた30か国の先進国が加盟する国際機関。貿易や開発協力・持続可能な開発などの加盟国の分析・検討を行なっている。（現在、38か国が加盟／令和４年７月５日外務省ホームページより）

2007年度

子どもの育ちの変化と保育の質の充実――解説

◆神長美津子

幼児期に質の高い教育の必要性

もう十数年も前になりますが、小田先生は、OECD教育問題委員会が提出した『世界の教育改革2001』の情報をもとに、幼児教育は「生涯にわたる人間形成の基礎」であると同時に、「将来の社会を形成していく人間として生きる力の育成」の問題を指摘していました。

当時は、認定こども園（「総合施設」として立ち上げた施設）の法整備が進み始めた時期でした。認定こども園に向けての法整備について、小田先生は、これまで就学前の子どもの環境づくりを学校教育の教育機能としての子どもの成長・発達の側面から検討することをしていると解説しています。認定こども園制度は、乳幼児期の子どもをもつ保護者の立場からすると、学校教育施設の幼稚園と児童福祉施設の保育所という二者の選択肢から、学校教育の教育機能と福祉機能を併せもつ施設という選択肢が一つ増えることですから、歓迎すべき改革です。ただし、一方に「親の肩代わり、預けっぱなし」については、明確に否定することが必要と言われていました。

創設される認定こども園には、「保護者と共に」という視点から保育の質を高めること、「学びの基盤づくり」としての幼児教育の質を高めることが期待されています。この論説で小田先生は、認定こども園創設を機会に、これからの乳幼児教育施設の目ざすべき方向として、幼児教育・保育の質を充実すべきであることを指摘しています。

再び、「学びの基盤」を問う

そのために「学びとは何か」を問い、「遊びの中で学ぶ」ことの意義を再確認しています。小田先生は、まず「学びの基盤とは人間が人間らしくあること」と述べています。そして、「人間が人間らしくあるということは、『人間が自由である』ことが基調です。このことを具現化するためには『体験、思考、自主、創造、個性、協同』という言葉で組み立てられるものにならなければなりません」と述べ、「それは、『遊び』です」と、明快に言い切っています。

ところが、現代に生きる子どもたちの現実はどうでしょうか。社会の変化によって家事を含め生産活動から隔離され、情報化や都市化により遊びの場が奪われ、少子化により人間関係の希薄化も指摘され、いわゆる「遊びの喪失」の時代といわれています。「遊びの喪失」は、子どもたちにとっては「学びの基盤を失いつつある」ことになるのです。

今こそ、乳幼児教育に携わる者は、乳幼児教育施設は子どもにとって真の学びを獲得する場であることを認識し、真に学びにつながる豊かな体験を保証するために、幼児教育・保育の質の充実に努めねばならないのです。

おわりにあたって

保育研究の難しさと可能性

著　小田　豊

「おわりにあたって―保育研究の難しさと可能性―」は、小田豊先生が、令和3年1月に科研報告書に寄せてくださった論説です。科研は、研究代表は神長、研究分担者は日浦直美、そして連携研究者に小田先生、野本茂夫、橋本祐子、中橋美穂、山瀬範子、廣井雄一と、保育に関わって多様な研究者集団で構成されています。研究会では毎回、小田先生は顧問のようなお立場で、「保育者の専門性に関わる一つのデータから何を読み取るか」についての各々の立場からの意見を求めていらっしゃいました。「多角的な議論」が、これからの保育研究に必要であることを示唆してくださっていた研究会でした。

神長美津子

おわりにあたって　―保育研究の難しさと可能性―

　ここ数年、子どもたちがどうも昔と違ってきた。いつも無表情で遊びにのってこない、ちょっとしたことで、すぐにパニックになってしまう、いきなり隣の子を突き飛ばしてしまうというようなことが話題に上ることが多くなってきています。また、園内でも気になる子、手が掛かる子が多くなってきていると云われています。たしかに、ここ十数年で手がかかる子、気になる子といった保育相談が増えています。

　一方で「気になる子」という言葉に敏感になり過ぎて、子どものちょっとした行動を捉え、「気になる子」を通り越して、これは障害ではないかと捉えてしまう傾向もあるようです。ご存じの通り、子どもたちの発達には個人差があります。とくに、幼児期は発達も著しく、障害があると言われた子どもでも、成長段階で症状が変化し、周囲の保育者や大人たちが適切な関わりをすることで、気になる症状が改善されることが多くあります。基本的に就学前までは、障害と断定しないで、あくまでも「個性の強い子」という考え方で接することが重要です。幼児期の子どもたちは、一人一人の発達差が大きいゆえに、全て気になる子どもたちなのではないでしょうか、と言っても、こうした子どもたちの指導は保育者に任されているのが現実です。

任された側の保育者にとっては、採用当初は夢中で正面から子どもに向い、先輩保育者にも援《たす》けられ、頑張ることもできるようですが、保育者三年目を過ぎる頃からこのままで良いのか、保育者としての成長はしているのか、何か専門性が必要ではないか、保育者の成長した専門性とは何か、といった疑問が出てくるようです。もちろん、そこでは、疑問ばかりではなく、ある種の光も見えてくることもあるようですが、子どもたちと接すれば接するほど一人一人の子どもたちの中に育っているものが、つまり、気になる子の出現を単純に家庭教育の良し悪しやしつけの結果から生まれてくるということではないことも知り、益々保育者の専門性とは何かを考える壁にぶつかるようです。その意味で、保育の基本は、「一人一人が違って、それでよい！」という考えで、一人一人の子どもたちの中で育っているものは何か、日々接している子どもたちは常に成長の過程の中にいることを忘れないようにすることを大切にするだけで、保育者として許されるのか、子どもたちの指導について考えるということは、保育者が子どもたちと生活する中で一人一人の子どもの発達の特性や行動の仕方、考え方などを理解し、それぞれの特性に応じ発達の課題に即した指導を行なっていくための基本的な姿勢を今一度考えてみることへの振り返りは、どのような時期にどのような形でなされることが大切なのか、そのための具体的な保育者の在り方を構造的に組み換え、考え、課題解決の在り方が求められています。

ところが今、現象としての保育者の指導力を測定し、その妥当性に対する実証的なプログラムがあるのでしょうか。保育者の質と研修の重要性は誰もが分かっているつもりになっています。実際に様々に研修だけでなく、そうしたことへの研究も取り組まれています。また、保育者への研修に対する調査研究も確かに行なわれています。しかし、保育とは何か、保育者にとって成長とは何か、その成長していく専門性とは何かは問われているようで、現実には具体的なものは見えていないのではないでしょうか。保育者の成長と保育経験との関係性や専門性とは何かを構造的に明らかし、子どもたちへの具体的な保育としてのフィードバック効果との関係性を明らかにしなければ保育者の質と研修の在り方も見えてこないのではないでしょうか。本科研では、こうした疑問を解く鍵を探すために多様な研究者集団を構成し、一人一人のもつ専門性や研究の哲学・方法論も違う研究者が集い、多角的に議論され、得られたデーターの見方や読み方も多様だったようです。こうした研究の在り方は、今後の保育研究に可能性を感じさせてくれます。なぜなら、保育とは総合科学ではないかという考え方もあるからです。

小田　豊

あとがき

小田先生は、滋賀大学に在職されている頃から、関西の二代目幼稚園長5人が始めた「保育と仲間づくり研究会（通称、仲間研）」のスーパーバイザーを務められていました。毎月の例会だけでなく、1994年からは夏期に大規模な研修会を開催し始めました。当時は、ひかりのくに本社のホールを無償でご提供いただき、小田先生にご紹介いただいた著名な講師を迎え、200名を超える現職保育者が集まり、朝から夕方まで夏の日ざしに負けないくらい熱く保育を語り、考える研修会でした。小田先生も日程を調整し、東京から参加くださっていました。

私が初めて小田先生にお会いしたのも、1995年の夏期研修会の日でした。そのとき以来、小田先生には「勉強しろよ」と励まし続けていただいています。当時の私は私立幼稚園にお世話になりながら、保育者養成校の非常勤講師をしていました。私が自己紹介を終えると、「研究者になりたいなら、しっかり勉強しないとだめだ！　保育や子どものことは、簡単には分からないんだから」と小田先生はおっしゃいました。また、2001年の夏期研修会は「幼児と保育者のかかわり」というテーマでの開催でした。そこで小田先生は、「保育者が実践の中で子どもを見るって、どういうことなんだろう」と投げ掛けられました。「見えないもの（こころ）を、どうやって見るのか」という問いにうまく答えられない私に向けて、「ばか～っ！　もっと勉強せい!!」と愛のある小田節を飛ばしてくださいました。

お出会いしてから約30年、さぼってばかりの私を見捨てず、会いに伺うたびに「ばか～っ！　勉強しろ～っ!!」と喝を入れてくださると同時に、「その子どもは、どうしたかったんだろう」「この環境は、なぜこうなんだろう」と必ず問いを投げ掛け、「諦めずに考えるんだ」と言いながら、私に向き合ってくださり、一緒に考え続けてくださったのです。

これまで、小田先生からたくさんのことを学ばせていただきました。これからも小田先生の言われた、「一人一人が違うこと」が大切にされる保育実践を目ざし考え続けていきます。

最後になりましたが、今回、小田先生のご研究を再び振り返り、これまで学ばせていただいたことを厚かましくも解説として書かせていただきました。このような貴重な機会を与えてくださいました、ひかりのくにの社長　岡本功様に心より感謝申し上げます。そして、執筆にあたり様々お力添えくださいました、ひかりのくに編集部の小川千明様、また本書のためにご理解とご協力くださいました皆様にも、深くお礼申し上げます。

令和5年5月

中橋　美穂

小田　豊先生　略　歴

1942年（昭和17年）10月8日　山口県山口市湯田温泉に生まれる
1964年（昭和39年）3月　広島大学教育学部卒業
1966年（昭和41年）3月　広島大学教育学部教育専攻科修了
4月　梅光女学院高等学校教諭に着任
1974年（昭和49年）4月　滋賀大学教育学部講師として着任
助教授を経て平成4年より教授
1993年（平成5年）12月　滋賀大学教育学部教授（併）文部省初等中等教育局幼稚園課教科調査官
1994年（平成6年）4月　文部省初等中等教育局幼稚園課教科調査官
1996年（平成8年）10月　文部省初等中等教育局視学官（併）幼稚園課教科調査官
2001年（平成13年）1月　文部科学省初等中等教育局視学官（併）幼児教育課教科調査官
2002年（平成14年）4月　文部科学省初等中等教育局主任視学官
2003年（平成15年）4月　国立教育政策研究所次長
（ご退職後、国立教育政策研究所名誉所員）

2005年（平成17年）4月　独立行政法人国立特殊教育総合研究所理事長

2007年（平成19年）4月　独立行政法人国立特別支援教育総合研究所理事長

（ご退職後、国立特別支援教育総合研究所名誉所員）

2013年（平成25年）4月　関西国際大学客員教授、聖徳大学児童学部児童学科教授

2017年（平成29年）5月　瑞宝中綬章受章

2021年（令和3年）4月　横浜創英大学客員教授

3月　聖徳大学退職

（ご退職後、聖徳大学名誉教授）

8月15日　逝去　享年78歳

従四位を受位

主な委員等

生涯学習審議会専門委員（社会教育分科審議会）　１９９８年12月１日～２０００年11月30日
広島大学大学院人間社会科学研究科附属幼年教育研究施設客員研究員
　２０００年４月１日～２０２１年８月15日
日本乳幼児教育学会常任理事　２０００年11月30日～２０２１年８月15日
文部科学省初等中等教育局視学委員
　２００３年４月15日～２００７年３月31日、２００７年７月１日～２００９年３月31日、
　２００９年12月１日～２０１１年３月31日、２０１１年５月１日～２０１３年３月31日
国立教育政策研究所評議員　２００５年８月26日～２０１３年11月14日
財団法人 障害児教育財団常務理事　２００５年６月15日～２０１３年３月31日
国立大学法人 筑波技術大学経営協議会委員　２００５年10月１日～２０１３年３月31日
中央教育審議会専門委員（初等中等教育分科会）
　２００５年10月19日～２００７年３月15日、２００７年６月22日～２００９年１月31日
内閣府 子ども・子育て新システム会議作業グループ 幼保一体化ワーキングチーム委員
　２０１０年９月16日～２０１１年５月25日
公益財団法人 才能開発教育研究財団理事　２０１５年６月１日～２０２１年８月15日

主な著書

月刊『保育とカリキュラム』指導計画、他

『一人ひとりを育てる　～保育の中の人間関係～』　小田豊／編著　1994／1／1

『3歳児保育のヒミツ　～新しい保育のあり方～』　小田豊・神長美津子／編著　1995／4／1

『保育がみえる　子どもがわかる　～幼児期の学びの意味と保育の原点～』

　小田豊・菅野信夫／編著　1997／7／1

『こども知育百科8　なぞなぞであそぼう』　小田豊／監修　1997／9／1

『Q＆Aでわかる新・幼稚園教育要領　―2000年実施 新・幼稚園教育要領理解のために』

　小田豊・神長美津子　編著　1999／8／1

『子どもの心をつかむ保育者』　小田豊／著　2001／8／1

『3・4・5歳児　保育の「困った！」対応ガイド』　小田豊・菅野信夫／監修　2009／7／1

『子どもの遊びの世界を知り、学び、考える！』　小田豊／著　2011／5／1

※以上、ひかりのくに刊

講義記録

- 「2020（令和２）年度　教員免許状更新講習」
（関西国際大学所蔵）

転載文献

- 『保育とカリキュラム』 1998年４月号特別附録
- 『保育とカリキュラム』 1999年４月号特別附録
- 『保育とカリキュラム』 2000年４月号特別附録
- 『保育とカリキュラム』 2001年４月号特別附録
- 『保育とカリキュラム』 2002年４月号特別附録
- 『保育とカリキュラム』 2003年４月号特別附録
- 『保育とカリキュラム』 2004年４月号特別附録
- 『保育とカリキュラム』 2005年４月号特別附録
- 『保育とカリキュラム』 2006年４月号特別附録
- 『保育とカリキュラム』 2007年４月号特別附録

- 平成29年度～令和2年度 科学研究費助成事業 基盤研究Ｃ「幼稚園におけるミドルリーダー育成のための現代的な研修システムの開発」報告書（研究代表者；神長美津子／報告書課題番号；17K04642）

- 『小田豊先生を偲んで』
企画・編集／小田豊先生を偲ぶ会実行委員会

本書で紹介したDVD

- 文部科学省選定　特別支援教育・保育ビデオ
『みんなで育てる　みんなで育つ　～子どもの困難さに寄り添う保育～』
監修／小田 豊
企画・制作・著作・販売／幼児教育映像制作委員会

写真　カバー、P.69、166、183　小田優子
P.1　ひかりのくに編集部

協力
小田優子
小田智機
学校法人濱名山手学院理事長・関西国際大学学長　濱名 篤
幼児教育映像制作委員会
ブラインドライターズ
ひかりのくに『保育とカリキュラム』編集部

スタッフ
装丁・本文レイアウト／曽我部尚之
校閲／堀田浩之
編集／小川千明

●著者紹介

小田　豊（おだ　ゆたか）

滋賀大学教育学部教授、文部科学省初等中等教育局幼児教育課教科調査官・初等中等教育局視学官、国立教育政策研究所次長、独立行政法人国立特別支援教育総合研究所理事長、聖徳大学大学院教授、関西国際大学客員教授を歴任。一人一人のよさや可能性を生かす教育の実現に貢献。

●解説

神長美津子（かみなが みつこ）

大阪総合保育大学特任教授／國學院大學名誉教授

中橋美穂（なかはし みほ）

大阪教育大学教育学部教授

小田 豊 先生遺稿集

子ども学と保育学の狭間を考える

2023年5月　初版発行

著　者　小田　豊
発行者　岡本　功
発行所　ひかりのくに株式会社
〒543-0001　大阪市天王寺区上本町3-2-14　郵便振替 00920-2-118855
〒175-0082　東京都板橋区高島平6-1-1　郵便振替 00150-0-30666
ホームページアドレス　https://www.hikarinokuni.co.jp
印刷所　図書印刷株式会社

Printed in Japan
ISBN978-4-564-60961-9
NDC376　192P 19×14cm